アリストテレスと目的論

自然・魂・幸福

茶谷直人

Aristotle and Teleology

Nature, Soul, and Happiness

Naoto Chatani

晃洋書房

アリストテレスと目的論　自然・魂・幸福

目次

第3章　目的論と自然美　48

第二部　魂　67

序

アリストテレスは「万学の祖」と呼ばれる。それは、人間世界にこんにち存在する主要学問分野のうちのかなりのもの――あくまで例えばだが、生物学、物理学（自然学）、論理学、形而上学（存在論）、倫理学、心理学、経済学、芸術学など――について、かれが当の分野を西洋の歴史上はじめて主題的かつ体系的に考察し、まさにそれを一つのディシプリンとして構築した人物であるという意味においてであろう。ただし、かれが現代においてもなお西洋における最高の知性の一人に数えられているのは、かれの一連の思索の大半が、当該学問分野を創始したという歴史的意義を有しているだけでなく、いまもなお当該学問分野――特に哲学関連の諸分野――における有力な立場の一つとして、現代のわれわれがその内実に真摯な仕方で対峙するに値するものであり続けているからに他ならない。このような、途方もない幅と奥行きを保持するアリストテレスの思索を前にして、そのような奥行きと幅を欠く有限な私がなしうることは、次の二つのどちらか、すなわちただひたすらそこにひれ伏すか、あるいは極めて限定的であるにせよ、なにか一定の切り口のもとで、かれがおこなった思索の一部の明確化と吟味を試みるかしかない。私は、アリストテレス研究者の一人である以上、後者を選択する。それを遂行する場が、本書である。

その切り口とは、「目的論（teleology）」である。「目的」（相当する主なギリシア語は「テロス（telos）」）[1]という概念・知見は、多岐にわたるアリストテレスの諸思索のうちのさまざまな場面において登場するものである。[2]それらは、当の事柄における目的の存在・実在を主張し論証するものであったり、当の議論を遂行する際に用いられる概念枠であったり、当該の探求がその内実の解明へ向けて進められるところのものであったりと様々な様相を呈している。ただしそれらに共通しているのは、かれは自身の哲学的思索のとりわけ重要な場面においてこそ目的という知見を導入し、それを通じて当の場面を乗り切り、自然や人間についての確かな知を得ようと励んでいるということである。その意味では、目的・テロスという知見はアリストテレス哲学における（そしてわれわれがかれの哲学を理解する上での）一種の「鍵概念」であり、別の言い方をすれば、アリストテレスの哲学的諸思索は、目的論的な哲学の多様な現れとして位置づけることもできる。本書は、こうした観点に着目しつつアリストテレスの哲学的営みを「目的論的哲学の諸相」として捉え、それら諸相のうちの主要なものを考察しその内実を明らかにしようとするものである。そしてそれは、それぞれの相・局面に関連する解釈上の諸問題を考察することを伴いながら遂行されることになる。

では、どのような諸相が、テロスを鍵概念とするものとして存在するのか。その主要なものとして、私は本書で三つの局面をとりあげたい。それは、「自然」「魂」「幸福」である。これら三つの局面について、なぜどのようにテロスが鍵概念となるのかを、ここで簡単に説明しておこう。この説明は、そのまま本書の構成とそれぞれの章において扱う問題の予告を兼ねたものとなる。

第一の局面は「自然」である（本書第一部）。アリストテレスは、『自然学』をはじめとする自然哲学著作や動物学著作において、自然を「何かのため」に存在するものとする「自然の目的論（natural teleology）」を展開している。この目的論的自然観は、例えば通常われわれが動物の生態を日常言語によって説明したり直観的に理解したりするその仕方と一定の親和性を有する自然理解である一方で、近代の科学的知見を基礎とする物理主義や、いわゆる機械論的自然観と鋭い緊張関係にあることも確かである。では、アリストテレスが展開する自然の目的論は、物理的原理や物理主義的な自然理解とどのような関係にありどのような仕方で調停可能なのか（あるいはそもそも調停可能なのか）ということが、事柄としてもアリストテレス解釈上も問題となる。アリストテレス自身はこの問題を、かれに先行する唯物論的自然学者を批判的に検討するという形で引き受けており、本書の第1章では、アリストテレスによるこの取り組みを吟味することを通じて、自然の目的論と物理的自然の関係という問題を考察する。また、自然における目的性の存在はそもそもどのような仕方で根拠づけられ、そして自然の目的論はどのような様式と適用範囲を有しているものなのか。たとえばその様式は「自然の擬人化」といった錯誤を犯してはいないのだろうか。これらの問について、第2章で考察する。そしてさらに、私の理解では、アリストテレスが自然哲学の領野において提示した目的論的自然観は、「自然美」という知見を通じて、『詩学』でかれが展開する芸術理論（とりわけ芸術作品の受容による快をめぐる議論）に一定の影響を及ぼしている。その基礎づけのありようを、第3章で考察する。

第二の局面は「魂」である（第二部）。アリストテレスは『デ・アニマ（魂について）』において、生物の生命原理としての魂（psychê）を主題的に論じている。そこでの議論は、それが自然哲学的思索の一環である以上、かれの目的論的自然観の影響下で遂行されるものであり、また、本書の第一部で明らかにするように生物こそが自然の目的論の内実をなすからには、魂の存在は自然の目的論的性格にとって決定的な意味を有している。そしてさらに、かれの魂論は目的論的な特徴を帯びたものとなっている。そこで私はまず、アリストテレスが魂をいかに定義し、魂と身体との関係をどのように捉えているのかをテクスト分析により精査しつつ、それに関わる解釈上の問題（いわゆる「同名異義原理」をめぐる問題）を第4章で検討する。この考察は、アリストテレスの魂理解の明確化を目指すものであると同時に、アリストテレスの魂理解が、近代以降の心身論や現代的な心の哲学（philosophy of mind）の文脈と同じ土俵の上で語りうる懐の深さを保持しているのかどうかを確認する作業を兼ねている。（「保持している」というのがそこでの私の結論的理解である。）その上で、第5章において、アリストテレスが魂論で導入する「機能（ergon）」という概念を鍵として魂の内実を説明するという方策が採られているという意味においても、かれ「機能」概念がどのような内実と意義を有するのかについて、現代的な心の哲学における立場の一つである機能主義（functionalism）との関連に言及しながら検討する。

第三の局面は「幸福」である(第三部)。「倫理学(ethics)」の創始者であるアリストテレスは、『ニコマコス倫理学』の序論(第1巻)において、自らが創始した学的プロジェクトがいかなる対象・方法・目的を有するものであるのかを自己規定している。そこで中核に据えられるのが、「あらゆる行為の究極目的」にして「人間的善の中で最も善きもの」であるものとしての「幸福(eudaimonia)」という概念であり、「幸福論」(「幸福とは何か」の解明)こそが、倫理学探究の基礎的かつ通底的な内実として設定されている。また、本論で言及するように幸福概念の一般的規定そのものが機能概念に着目して確立されており、それらの意味においても、アリストテレス倫理学は目的論的視点に彩られている。そこで私は、アリストテレスがいかなる多様性において「幸福論としての倫理学」を展開しているのかを、(i)師プラトンによるイデア論的な最高善理解をアリストテレスはいかなる仕方で批判し、それを通じてどのような自身の善・最高善理解を提示したのかについての考察(第6章)、(ii)『エウデモス倫理学』と『ニコマコス倫理学』で展開される詳細な愛(philia)論において提示される、三つの種類の愛とその異同をめぐる議論についての整合的な理解の探究(第7章)、(iii)快楽論において提示される「快の種的差異」という知見についての、ミルの快楽論との異同を通じた明確化(第8章)という三つの仕方でみてゆく。

ではまず、第一の局面である「自然」からはじめたい。

第一部　自然

アリストテレスは、自然哲学著作（『自然学』）および数多の動物学著作（『動物部分論』『動物発生論』『動物誌』『動物運動論』など）において、「自然の目的論（natural teleology）」と呼ばれる立場を提示している。目的論的な性格を備える自然的存在者としてかれが想定するのは、基本的には植物を含む生物全般であり――後述するように本当に生物に限られるのか否かは解釈上問題となるのだが――、とりわけその典型となるのが、動物の生成と存在である。アリストテレスは、動物に関する広範な調査研究による実証的な裏付けを伴いながら、動物の生態、発生様式、各部分の特徴などの解明に目的論的説明を駆使している。[3] いま、極めて素朴かつ一般的な言い方をしておくことが許されるならば、「ヒラメは外敵から身を守るために身体を保護色にする」「蜘蛛は虫を捕らえるために網目状の巣を張る」式の説明は、近代的な機械論的・物理主義的自然観や進化論的生物観に慣れた人々にとっては単なる比喩に映るとしても、しかし一方でそのような説明は、単なる方便と切り捨てられないなにか事柄の核心をついた説明であるという直観的確信も、われわれの多くが保持しているのではないだろうか。そしてアリストテレスは、そのような説明を当該の存在者についての真正の説明（の少なくとも一部）であると捉える人の一人であり、さらにいえば世界の歴史上そうした立場を表明した人間の代表者の一人である。

　アリストテレスにおける自然の目的論は、最も基礎的なところから段階的かつ列挙的に定式化するならば、概ね次のような基本的性格を有している（P.A. II1. esp. 646a35-b27）。

（a）最も基礎的な知見：「形相が目的」である（Phy. II8, 199a30-32）。すなわち生物は、自らの種的な形相の獲得と存続を目的として――しかも原理的レヴェルでの目的、つまりそうした目的を原因（aitia）として存在・生成する。

（b）部分の目的論：生物の部分（merê）は、種的形相の獲得および存続という目的のもとで、その目的に寄与する仕方で本来的かつ固有の特徴を――つまり機能（ergon）を――有する。

（c）諸部分の目的論的階層構造：生物個体が備える諸々の部分・器官は、当該生物の種的形相の獲得と存続を究極目的としつつ、一定の階層構造的関係性を有する。すなわち、まず（i）手や眼などの部分（異質部分 anomoiomerê）は、個体の当該自然種としての生存に直接的に寄与する存在であり、そのための特定諸機能（例・物を摑む、視る）を有する。一方、（ii）異質部分を質料的に構成する血液、骨、肉など（等質部分 homoiomerê）は、それらによって構成される異質部分の有する機能の十全な発揮のために存在する。さらに（iii）等質部分を質料的に構成する一定混合比の元素（stoicheia）は、等質部分が持つ特質を実現するための構成要素として存在する。

以上のように見る限り、アリストテレスにおける自然の目的論は、当の生物の種的な形相の獲得・存続そのものを目的として捉える内在的な――つまり、目的を当の存在者の外（例えば神の意図や人間の便宜）に求めはしないという――基礎的特徴を有し、かつ、そうした内在的な目的を集約点とした、階層的かつ統一的構造を有していることになる。

このような有機体の目的論的構造の存在を主題的に論証しようとアリストテレスが試みる中心的な場、それが『自然学』第2巻を締めくくる二つの章（第8・9章）である。『自然学』第2巻は、第1巻における先行研究批判を核とする考察を経た上で展開される「アリストテレスの自然哲学原論」とでも呼ぶべきものであり、そこでの一連の論考は、自然（physis）概念の一般的規定にはじまり、質料形相論と四原因論に基づく自然概念の分節、偶然性と恒常性などの諸問題の考察を経て、最後に自然の目的性を論証するという道程を辿る。

ただし厄介なことにこれら二つの章は、様々な議論の複層的な（そして見かけ上やや混乱した）集合体といった様相を呈しており、それに応じて解釈のレヴェルにおいてもさまざまな見解の相違を喚起するに至っている。例えば第2巻第8章では、一方生成の恒常性をめぐる議論に関して、降雨等の自然現象にも目的論が適用されるのか否かという議論を、他方自然的生成と人工品制作を類比的に説明する議論に関して、自然の目的論は結局擬人化の産物ではないのかという議論を、それぞれ惹起している。また第2巻第9章では、必然性をめぐる議論に関して、アリストテレスの内に物理的必然性を認めるのか否か（そしてそれは自身の目的論と両立するのか）をめぐる論争を喚起している。

私は以下において、これらの解釈上の混乱を鑑みつつ、一見したところ断片的で錯綜した一連の議論の統一的な理解をめざし、これら二章および主題を共有する関連テクスト（『動物部分論』第1巻第1章など）で主張される目的論の適用範囲と様式、そしてその有効性と妥当性を探ってゆく。それにあたって私はあらかじめまず、自身の論述の分節化と明晰化のため、「自然の目的論」という主題下で展開される一連の諸議論が、一定の混乱の様相を呈してはいるものの、二つの方策を用いながら遂行されているという基礎的理解を提示しておきたい。

第一の方策は、目的論と質料的自然との関係を探りそれとの調和を試みつつ論考を展開するものである。それは、目的適合性を「たまたま」そうなったものに過ぎないとみなす唯物論的先行自然学者の立場から提出されるアポリアの解決と（II8, 198b10-199a8）、その議論を引き継いで行われる、生成の必然性の問題についての考察（II9）から成る。この方策は、哲学上の極めて一般的な表現を借りるならば「目的論的自然観と機械論的自然観の調停」に相当する。次に、第二の方策は、自然的存在者が目的論的であること、および如何なる仕方で目的論的であるのかを、自然的事象と技術的事象のアナロジーによって明らかにしようとするものである（II8, 199a8-b33）。この方策は、第一の方策が物理的自然との整合性という調停的意味合いを持つことと対比すれば、自然に目的論的構造が存在することそのものを開示しその内実・様式を積極的にわれわれに説き明かそうとする企てであるといえる。以下では、アリストテレスが採るこれら二つの方策に応じて、そこでの議論の分析と検討を行い、かれの保持する立場の内実と意義を探っていきたい。

第1章「自然の目的論」と機械論的自然観

1. はじめに——なぜアリストテレスは先行自然学者を批判する必要があるのか

今しがた述べたようにアリストテレスは自然哲学の基本的問題を扱う『自然学』第2巻第8・9章、『動物部分論』第1巻第1章などにおいて自然の目的論を、即ち自然的存在者（ta physei）の存在と生成において目的（telos, to hou heneka）が真正かつ主要な原理（aitia）であることを主張している。そしてこれに呼応して『動物部分論』や『動物発生論』などの動物学著作では、各動物の生態、発生様式、各部分の特徴などの解明に目的論的説明を駆使している。そこでの目的論的説明は、部分（器官）が当該有機体の生存のために生成し一定の機能を有するというものであり、結局一連の目的性は当該有機体の種的な形相の獲得と存続に収斂される。つまりその基本的特徴は「形相が目的」（Phy. II8, 199a30-32）となることにある。

ただしその一方で注目すべきことがある。すなわち、動物学著作では、特定機能を有する有機体部分について、熱冷乾湿という特性を有した四元素の物理化学的相互作用により「必然的に」もたらされたものであるという仕方でも説明され、そうした物理的説明が目的論的な説明と併置されていることである。元素の作用の記述による事象の説明は、基本的にはかれに先行する唯物論的（機械論的）自然学者（アナクサゴラスやエンペドクレスなど）の伝統を踏襲したものである。こうした目的論的説明と物理的説明の両存は、かれが伝統的な唯物論的自然観を限定的であれ踏襲しつつ独自の立場をとることを意味する。とすれば、先人たちも納得できる仕方でかれらを批判しておくことは、アリストテレスにとって不可避であることになる。事実アリストテレスは目的論展開の一環として、『自然学』第2巻第8・9章を中心に先行自然学者批判を行っており、それは大まかには、先人の立場が提起するアポリアの解決（II8, 198b16-199a8）と、先人が唯一の生成原理とする必然性の問題の考察（II9, P.A. II など）から成る。本章で私はこれらの先人批判を、アリストテレスが目的論展開の一つの柱として採用した方策と捉え、検討したい。かれにとってこの先人批判は、単に「論敵の対処」という争論的な関心からのみ行われたわけではない。というのも先行自然学者との対峙は、目的論的説明と物理的説明を共に認める自分自身に向けられたものでもあるからである。すなわちそれは、「形相としての自然」と「質料としての自然」（II1, 193a28-31, II8, 199a30-31）を共に自然によるものの原理とするかれにとって、形相を目的とする自説と「質料としての自然」との無矛盾的両立を探る調停的試みでもあり、したがってそこでの議論の内実を把握することもそうした一般的意味を有しているのである。またさらに、先人批判の場面には、従来からの解釈上の難問、すなわち（a）降雨などの無機的事象もアリストテレスの認める目的論的事象なのか否か、および（b）かれが生成に認める必然性とは如何なる様式でありまた目的因と如何なる関係にあるのか、という二つの問題が含まれる点で、それらに一定の知見を提示する試みを以下で遂行することになる。

2. 雨は「なにかのため」に降るのか？
——先行自然学者の立場から提起されるアポリアをめぐって

アリストテレスの「自然の目的論」は今述べたように、有機体を典型例とする「形相＝目的」という図式を基本的特徴としており、これを動物学著作（『動物部分論』『動物発生論』など）や『自然学』での目的論的説明の多くの実例と総合すれば、アリストテレスにおける自然の目的論が適用される範囲は有機体に限定されるであろうという見通しは、状況証拠的にみて一定の合理性を有するように思われる。そしてそうした見方は、「石は下に落ちたくて落ちている」的な通俗的アリストテレス理解からわれわれを解放し、アリストテレスの目的論的自然観をある程度穏健なものとして評価する可能性を開示してくれる。しかしながら、こうした見方に異議を唱え、アリストテレスの自然の目的論を、人間を中心とした自然界のヒエラルキーとして捉える解釈が存在する。代表者はセドリーとファーリーである。[4] かれらの見解は、「形相＝目的」という内在的図式とも動物学著作におけるアリストテレスの基本的説明様式とも異質ではあるが、しかし、かれらの典拠とする箇所が、まさに自然の目的論を主題的に論じた『自然学』第2巻第8章の中にある点で軽視できない。その箇所とは、目的適合性を偶然の産物とする唯物論の立場によって提起される一つのアポリアをめぐって行われる議論である（198b16-199a8）。かれらの解釈によれば、アリストテレスはこの議論において、降雨という無機的事象が穀物の成長のためのものであり、つまるところ結局は人間のためのものであると認めている。さらにセドリーはこの解釈を、自然界の人間中心的ヒエラルキーに言及した『政治学』第1巻第8章と結び付け、結局それは『自然学』における主張と矛盾しないのだと主張する。確かに『政治学』では、人間の財が主題となる文脈で、植物は動物のために、動物は人間のためにそれぞれ存在するという議論が展開されており（Pol. I8, 1256b15-22）、降雨の事例をかれらのように解釈すれば、二つの議論では同様の趣旨が提示されているのだという見方が成り立ちうる。もちろん、アリストテレスの学問分類上「理論学（theôrêtikê）」と「実践学（praktikê）」という学的性格の異なるテクストを無造作に結びつけることはやや安直であるし、目的という概念や「〜のため」という言明がどのような意味で用いられ、そこにどこまで実在性が賦与されているのかは、当該の議論の文脈に応じた慎重な判断が求められるであろう。とはいえ、やはり『自然学』第2巻第8章の当該の議論において降雨の事例がどのようにアリストテレスによって扱われていると理解するのかによって、かれの自然目的論の内実と範囲についてのわれわれの理解の方向性が左右されることは間違いない。したがって、ともあれまずは論争の中心となる当該議論を慎重に検討し、その上でかれらの解釈を吟味したい。

問題のアポリアの概要と議論構造

問題のアポリアを簡略に言えば、降雨も歯の生成も物理的必然を原理とし、穀物の成長や食物の咀嚼などの目的適合性（目的に適った事態）は原理ではなくアウトマトン（さしあたり「偶然」と訳す）によるというものである。アポリアの基底には、生成は元素の作用によって必然的にかつ必然性のみからもたらされる、という先行自然学者の理解（198b12-17, II9, 199b35-200a5）がある。問題はアリストテレスがアポリアを如何に論駁しまた先人の見解の如何なる点を誤りとしたかである。まずは問題となるアポリアを要約しておく（198b17-32）。

生成の原理であるかに見える目的適合性は、生成にたまたま付帯しただけのもの、即ちアウトマトンによる(apo tou automatou）もの（＝偶然によるもの・たまたまそうなったもの）である。生成は元素の自然本性により必然的にもたらされ、他のどんな原理にもよらない。例えば降雨は大気中を上昇した水蒸気が必然的に冷やされ水となり降下したものである。降雨に伴う目的適合性（例えば穀物の成長）は、必然による降雨にたまたま付帯しただけであって降雨の原理ではない。それは降雨による脱穀場の穀物の腐敗がそうであるのと変わらない。有機体部分についても降雨と同様で、例えば歯は元素の本性から必然的に生じる。前歯が食物の噛み切り、奥歯がすり潰しに適するのはたまたまそうなっただけであって、適性ゆえに歯が生じるわけではない。生存に適さない歯を持つ有機体もかつて存在しただろうが、既に滅んだ。

以上がアポリアの要約である。アポリアのポイントは、目的適合性は生成の原理ではなく「アウトマトンによる（apo tou automatou）」ということである。事物の本性ないし原理はそれを構成する物理的要素以外に何も含まないという先人の基本的立場からすれば（cf. II1, 193a23-26）、生成に質料的必然性を認めることと目的因を認めることは両立しない。したがってかれらは、物理的原理と目的因が排他的であるからには、現在する「目的に適った」事態（例えば穀物の成長、咀嚼の適性）はそれを原因（目的因）とするのではなく、適者適存的淘汰の結果にすぎないもの、すなわちたまたま（apo tou automatou）結果的にそうなっているものだと考えるにいたる。こうしてかれらは「目的が原理である」か「目的適合性がアウトマトンによる」かの二者択一的枠組を設定し、目的因とアウトマトンを対概念的に考え、結局のところ後者を選ぶことになる。

アリストテレスの解決策は、まさにこの二者択一的理解そのものに問題を提起することにある。かれは特に、選択肢の一方にある「アウトマトン」ないしそれと類似の「テュケー（tychē）」という概念についての先人の理解不足を問題にする。アウトマトンとテュケーについては実はかれは、第2巻第8章に先立つ第2巻第4―6章において、それらをある種の原因のうちに数え入れる通念的傾向に留意し、第2巻第3章で行った四原因説の補論として考察を行っている。

アリストテレスによれば「アウトマトン」と「テュケー」は、仮にアイティアと呼ばれるとしてもあくまで一種の疑似的（ないし付帯的）原因としてである。今の文脈との関連で言えば、アウトマトンは、生成や行為が目的適合的な結果を伴い、かつその結果および生成、行為が恒常的でない場合に適用可能な概念である（e.g. II5, 196b10-17, 197a32-35）。テュケーも基本的に同様だが、人間における選択を伴う行為にのみ適用される概念であるとされる（II5, 197a36-b3）。（「偶然」というアウトマトンの訳語との区別のためテュケーには「偶運」という訳語を与えておく。）例えばＡがＢに場所Ｐで宴会費用を支払ったが、どちらもＰへは別件で行っただけでしかも頻繁にではなく出会いを予期していなかった場合、当の金の授受は「テュケーによって」であると言われる（II5, 196b30-197a5）。この場合金の授受は確かに目的適合的結果である。しかし、AもBもPへはそのためではなく、各主体において「Pへ行ったこと」と「金の授受」がたまたま同じ機会に付帯しただけである。こうしたアウトマトンないしテュケー概念の様式的特徴のうち、特にアリストテレスがアポリア解決に利用するのは、両概念は生成ないしその目的適合的結果が恒常的でない場合にのみ適用可能だ、という点である。つまりこの点をおさえた上で先の二者択一に従えば、次の帰結が生じる。まず歯の組成も適性も事実として恒常的である。よってアウトマトンの概念は適用できない。すると、もし先人の理解通りに「目的適合性が原理である」か「アウトマトンによる」かの二者択一を前提とし、かつ当の生成の目的適合性がアウトマトンによらないのならば、つまり少なくとも恒常的ならば、その生成は「何かのため」であることになる。推論形式で表わせば次のようになろう。

大前提：アウトマトンによることと原理として目的的であることは二者択一的である
小前提：事実として目的に適った全ての生成ないし現象の内、少なくともその一部
　（これをGとする）はアウトマトンによらない
結論：Gにおける目的適合性は、原理として存在している

ここで注意すべきは、アリストテレスは唯物論者の立場に依拠した大前提に基づいて結論を導き、それによりアポリアを解決している、ということである。つまりチャールズも指摘するように、この推論は「論敵の前提に基づいた」ものであり[5]、その結論は、かれら自身が目的論的説明と偶然を二者択一的なものとみなすがゆえに導かれるものである。このことに留意すれば、アリストテレスはこの推論から強引に「自然の目的論」の主張を導出して

いるわけではないということが解る。つまりこれはあくまで「アポリアの解決」であって、生成が恒常的であればとにかく目的論的であると主張するような類の強引な「恒常性からの目的論の導出」を意味するわけではない。つまりこの推論は、かれら自身の前提に従えば皮肉にも目的因を認めるに到ることを示すため、即ち相手の問題設定の誤りを指摘するための論駁的なものであって、大前提と結論にアリストテレスがコミットしているわけではない。もちろん、この「誤り」は、アリストテレスによるアウトマトンとテュケーの概念規定に即することで成立する誤りである。ただ、かれは「批判のための批判」をしたいわけではない。かれがこの「誤り」を持ち出す意図はむしろ、「たまたま」の対概念を「つねに」であるとみなすことは（日常の言語仕様の観点から考えても）自然なことなのではないだろうか、とすれば、後者が厳然と見出される場面で前者に依拠して事柄を説明することはある種の強引さを伴うのではないか、ということを論敵に指摘する点にあるように思われる。アリストテレスが暑さと降雨を例に挙げ、一方夏期の暑さと冬期（＝ギリシアにおいて雨の多い季節）の降雨は恒常的であり、他方冬期の暑さと夏期（＝ギリシアにおいて雨の少ない季節）の降雨は偶然的であると通常見なされると述べるのは（198b36-199a1）、こうした指摘を意図したものとして理解できる。

降雨の例

さて、ここで降雨の解釈の問題を検討したい。論争の焦点は、降雨がアリストテレスの認める目的論的事象の一例なのか否か、そして冬期の降雨は「穀物の成長のため」にあるとかれがみなしているのか否かにある。降雨現象が目的論的事象の一つとされるとすれば、アリストテレスの目的論は有機体のみならず無生物を含めたいわゆる「自然界」全体に適用されるという見方が一挙に現実味を帯びることになる。またさらに、穀物の成長が降雨の目的因とされるのだとすれば（セドリー、ファーリー）、アリストテレスの目的論は人間中心的な性格を帯びたもの、或いは自然界のヒエラルキー的構造の存在を含意するという解釈の妥当性が高まることになる。その一方、この箇所において、降雨などの非生命事象がアリストテレスの認める目的論的事象の一例ではないことを合理的に解釈できるのだとすれば（チャールトン、千葉）、自然学・動物学著作におけるかれの基本的論調を踏まえ総合的に勘案するとき、自然の目的論の適用範囲はやはり有機体およびその諸部分の存在と生成に限定されるという理解が道理あるものとなろう。[6]

ファーリーの理解によれば、テクストの読みで従来から問題なのは、降雨の例は非目的論的事象の例として（a）アリストテレス自身が挙げるものか、それとも(b)論敵がアポリアの中で示すものかという点である。そして、(b)が正しければ降雨はアリストテレスの認める目的論的事象なのだ、ということになる。つまり従来からの問題設定は、降雨の例がアポリアそのものの中に含まれるか否か（つまり論敵の側の主張か否か）を争点としている。また、降雨を目的的事象の事例とみなす解釈の多くは、「生成が恒常的ならその生成は目的論的だ」という「恒常性即目的性」の立場をアリストテレスに帰することで、冬期の降雨をそれにあてはめていると思われる。ファーリーもこの問題設定の中で（b）を採り、冬期の降雨は穀物の成長のためであると解釈する。私は、この問題設定そのものが疑問を呈されるべきものであると考える。「アリストテレスは降雨の非目的性の主張を含むアポリアを反駁するのだから降雨を目的論的だと主張していることになる」という論法は過度に素朴であり、議論のデリケートな内実を汲み尽くしているようには思えない。また、降雨の例が最初に挙げられるのが論敵によることは明らかである以上、この問題設定の枠内では、無機的事象に目的論は適用されないとする解釈を採ることはどうみても困難であり、そもそも解釈論争すら成立しないであろう。

先に行ったアポリアの要約から解るように、降雨の話は、アポリア提起者の立場からまず導入されたものである。つまり降雨の事例は、歯の生成が必然によるものであってその適性（形状や組成が食物の嚙み切りや擦り潰しに適していること）は偶然の産物にすぎないということを主張する前段階として、同様の特徴をより自明的に有する例として、アポリア提起者の側が挙げたものである。「自明的に」というのは、降雨は比較的わかりやすい機械論的メカニズムを有する自然現象であるし、降雨に「穀物の成長」という目的を原因として想定することは、歯の組成や形状に食物の噛み切りやすすり潰しといった目的を原因として想定するよりも相対的に恣意的な印象を人に与えるだろうからである。このように、「穀物の成長と関係づけられた降雨の例」がアポリア内で提示されたものであることは間違いない。しかしながら注意すべきなのは、「冬期の降雨が恒常的である」という話は、論駁者であるアリストテレスの側がアポリア解決の際に導入するものである。すなわちそこでは、恒常的事象の例として冬期の降雨が、偶然的事象の例として夏期のそれが、アリストテレスによって挙げられている。では、「冬期の降雨の恒常性」を例示するアリストテレスの狙いは何か。先にも少し述べたようにかれの狙いは、「アウトマトンに対立する概念は目的性ではなく恒常性である」ことを論敵に示すことにあり、冬期の降雨と夏期のそれを暑さのケースと共に例示することを通じて、恒常性と偶然性の概念的対比を分かりやすく示してみせようとしているのである。ファーリーは、冬期の降雨は恒常的だから目的的だけれども夏期の降雨は非恒常的であって目的的ではないとしているが、概念対比のためにアリストテレスが挙げた「冬期の降雨」の例示と、唯物論者の側からの「穀物の成長」という目的の例示が結び付けられる必然性は存在しない。ファーリーはこの点の看過によって両者を「冬期の降雨は穀物の成長のためである」と一つの命題に纏めたと思われるが、その根拠はテクストそのものの内には存在しない。「恒常性即目的性」という図式は、アリストテレスがそこでそもそも明示していないものなのである。また、セドリーの挙げる『政治学』第1巻第8章に関しては、既に述べたようにやはり『自然学』との学的性格や論旨の違いは軽視できないし、人間の財を主題とする場面で目的論的な語りが人間中心的な様相を呈することになるのはある意味では当然のことだといえよう。また、食物連鎖のみならず、家畜や、動物を利用した衣服や道具もが目的論的に捉えられる（1256b15-20）そこでの議論は、自然としての目的因（cf. 199b32-33）を探究する『自然学』の議論の文脈と明らかに異質である。

以上のようにアポリアをめぐる議論は、生成の恒常性という事実から目的論の主張を強引に導出しようとするものではなく、偶然性との対概念において目的性を捉える論敵の理解に対し、恒常性を真の対概念として再設定しつつ、事実として恒常的な生成に関しては偶然概念に依拠して目的適合性を説明することの非合理性を明らかにしようとする趣旨を有するものであった。また、降雨を目的論的事象の一例と解す合理的な根拠もテクストには内在していない。ただしここで注意すべきは、確かにかれは、生成の恒常性という事実から目的性の存在を安易に導出するつもりなどないにしても、とはいえ少なくとも、恒常性が自身の展開する目的論と深く関わるものであるという自覚は保持しているであろうということである。かれが恒常性概念を目的論との関係において問題とするのは、単にプロセスが恒常性である場合ではなく、目的適合性の恒常性が当の恒常的プロセスに見出される場合、即ち生成目的が主体の形相の獲得や存続にありなおかつ目的適合性が恒常的であるという場合である（cf. 199a4-5, II5, 197a32-35)。つまりアポリアを解決した後にかれに課題として残されたのは、「では、恒常的な目的適合性は如何にして生じるのか？」という問題である。かれはおそらく、恒常性概念が、先人がそれによって生成がもたらされると考えるところの物理的な「必然性（ananké, to anankaion)」の問題と深く関わることを了解していたのであろう。先人が「偶然」と「原理としての目的性」を二者択一的に捉えるのは、必然性と目的因は両立しないはずだという考え――「生成は物理的因果性により必然的にもたらされるのであって何らかの目的適合性があってもそれは偶然の産物にすぎない」というそれ自体は一定の合理性を有する（と私には思われる）知見――を背景としているからである。アリストテレスは、アウトマトンか目的因かの二者択一の誤りの指摘を通じ、この枠組みのさらなる背後にある「目的性か必然性か」という排他的選言そのものを問題化し、そこに一定の疑義を表明しようとしているのである。すなわち、唯物論や物理主義の立場に対し自らの目的論の合理性を説得的に示すには、目的因と必然性の両存の可能性を積極的に示すことこそが真の課題として課される、ということである。かくして、「恒常性が目的論といかに関係するか」という問題は、「目的適合的な生成において、必然性はいかに位置づけられるのか」という問題として再設定されることになる。この問題が取り組まれているのが、『自然学』第2巻第9章、『動物部分論』第1巻第1章などにおける、生成の必然性をめぐる議論である。ここで節を改めこの問題を検討する。

3.　必然性と目的論

アリストテレスはまず、先行自然学者以来の伝統的な必然性様式をこのように定式化する。

「熱や冷、こうしたその他のものが自然本性的にこれこれである（pephyken）から、必然的に(ex anankês）かくかくのものが存在し、生成する」（Phy. II8, 198b13-15）

ここで言われる「熱や冷、こうしたその他のもの」とは、質料的自然の基本的構成要素である四元素（火・土・空気・水）が有する物理化学的特性、つまり元素の自然本性（熱・冷・乾・湿）のことである。アリストテレスの質料形相論枠組みにおいて質料は形相と相関的に捉えられる概念であるが、有機体の質料的側面を階層的に辿れば、有機体にとっては身体が、身体にとっては異質部分（器官）が、異質部分にとっては等質部分（血液や筋肉など）が、等質部分にとっては四元素が質料的側面となり（G.A. I1, 715a9-11）、存在者における質料的側面の基底に据えられるものは四元素である。つまり、形相と質料の結合実体としての「自然によるもの」は全て、質料的に分析される限りは究極的には特定の混合配置から成る一定の元素として存在し、それらの生来的傾向性や相互作用により運動することになる。そして、「一定の特性を有するこれこれの混合比の諸元素がプロセスの先行条件にあれば必然的にこれなる終点が帰結する」という必然性様式は、当時の物理学や化学の単純さを考慮しても、我々の考える物理的必然性に対応することは確かである。先述のようにアリストテレスは有機体を考察する際、この「必然からの説明」を目的論的説明に併存させる。端的な例を以下に挙げておこう。

鳥のくちばしと蹴爪（P.A. IV12, 693a10-694a27）：
［目的論的説明］嘴は食物摂取、蹴爪は防御のために存在する
［必然による説明］体内を循環する土質が、嘴は上方に蹴爪は下方にそれぞれ蓄積されるという仕方で「発生の過程で必然的に (ex anankês)」生じる
胎生動物における胎膜（G.A. II4, 739b20-33）：
［目的論的説明］胚子を周囲の流動体から保護するために存在する
［必然による説明］形成途上の胚子の流動性部分が精子の熱によって「必然的に」固体化する

このように、アリストテレスが動物学著作において実際に遂行する説明様式は、目的論的説明を真正の説明として導入しながらも、一方で先人以来の物理的説明・必然性による説明をも一定の仕方で踏襲するという微妙な位置を保持している。しかしそれは別の言い方をすれば、アリストテレスはそのように質料的説明と目的論的説明を併存させる（つまり「共存できる」と考えている）点において、両者を排他的に捉える先行自然学者の立場と袂を分かつことになるということである。「生成の原理は必然性に尽きる」とするのが唯物論的自然学者たちの基本的立

場であり、それは、アリストテレスの説明によれば、人工品でさえも例えば家の壁は素材の本性のみにより石は最下部、土はその上、木は最上部へと「必然的に」移動し完成する、と見なす程に極端である（II9, 200a2-5）。

アリストテレスは、先人たちのこうした極端な必然性理解に修正を迫ることで、目的論的説明と「必然からの説明」の両立可能性をかれらに提示する。アリストテレスは先人の必然性理解に対しまず、どんな目的論的生成においても「必然的な自然本性を有するものども」なしには生成はないが、ただし「質料故に」という限定的意味でのみ「これら故に」生じるのであって、その生成は何かのためになのだ、と応答する（200a5-10）。つまりかれは、目的論的な生成もそうした必然性なしにはあり得ないとした上で、その必然性は「質料故に」としてあるものに過ぎないのだという限定を附す。「必然的な自然本性を有するものどもなしには生成はない」ということでの表現そのものは控えめではあるけれども、ただ、『動物発生論』では、先人の言う必然性は「質料としての原因」であって当の生成は何かのためでもあると語っており（V8, 789b1-8）、それと総合して考えれば、アリストテレスは先人以来の必然性を、有機体の存在や生成を純粋に質料的側面において捉える限りでのみ認められるものと位置付けていると考えてよいであろう。[7] この必然性が「質料故にとして（hôs di'hylên）」（200a6, cf. 200a9-10）という限定内で存在することは、裏を返せばその限定の外に「何かのために」という原理的事態が存在しているということである。この限定はまず、必然性による説明が事象の説明の全てではなく、質料的側面の枠内でのみ有効であることを意味する。ただし、別の角度からいえばこの限定は、質料的側面の枠内ではそれが事象を自足的に――即ち目的への言及なしに――特徴づけることを示唆してもおり、質料的説明の自律的権能をある程度積極的に確立しようとするものだと解すこともできよう。

このように目的論的説明と質料的説明の両存可能性はまず、伝統的必然性へのこうした限定づけにより提示される。しかし先人の立場へのアリストテレスの応答にはもう一つの柱がある。それは目的的生成に独自の必然性様式を新たに導入し、質料的原理と目的因（形相的原理）の接点を探るものである。これが解釈上議論の多い「条件的必然性（hypothetical necessity）」（前提からの必然性 anankê ex hypotheseôs）である。ここで言う「前提」「条件」（hypothesis）とは、生成や存在の目的、ないしプロセスの終点のことである。これを必然性連関の前件として、プロセスの始点（初期条件）における質料の存在が、時間の流れと逆向きに──即ち t2 における終点から t1 における初期条件へと後方視的（backward-looking）に──必然化される。（これを、過程の終点 t2 から初期条件 t1 に向かうという時間の遡行性に注目すれば「後方視的必然性」と呼ぶこともできよう。一方、t1 から t2 へ向かう元素による必然性は、これと対比すれば「前方視的（forward-looking）」な必然性として特徴づけ得ようが、解釈上の慣例では「端的必然性」と呼ばれる。私の考察ではこの慣例を便宜上尊重する。）『動物部分論』第1巻第1章において条件的必然性（後方視的必然性）は、「あれが達成されるべき目的ならば、必然的にこれこれのものがなければならない」（P.A. I1, 642a33-34）と定式化される。

アリストテレスは有機体における条件的必然性の存在様式を、人工品のケースから類比的に説明する（Phy. II9, 200a10-13）。例えば鋸の使用目的、機能の実現のためには、質料として切断に適した硬さを有する鉄の存在が必然的である。同様に有機体の形相の実現と存続のためには一定機能を有する各部分が、各部分の機能遂行のためには適切な質料が、必然的になければならない（cf. 200b3-4）。かれは鋸の例に沿って、後方視的必然性の存在様式を次のように説明する。

「〔鋸の例の必然性において〕必然化されるもの（to anankaion）は前提からのもの（ex hypotheseôs）であるが、ただし〔必然化されるものは〕テロスとしてではない。つまり必然化されるものは質料のうちにあり、一方〔必然性連関の前件・前提である〕目的はロゴスのうちにある」（200a13-15）

ここでアリストテレスは、後方視的必然性において目的は必然性連関の前件（前提）であり、一方鉄という質料の存在は目的という前提から必然化される後件である、つまり鉄の存在が必然的であることは目的という前提に基づき帰結する、と主張する。そして、条件的必然性において後方視的に必然化されるもの（過程の初期条件としての一定の質料）は「テロスとしてあるのではない」ということを指摘する。つまり、必然化されるものは質料のほうであるということであり、この場合テロスは必然化する側となる。必然化される後件は「質料のうちに」あり、連関の前件たる目的は「ロゴスのうちに」ある、という独特な表現は、伝統的・通念的な必然性理解からすれば特殊な後方視的必然性の様式的な特徴を鮮明にしようとするものである。後方視的必然性の様式を前方視的必然性のそれと共に定式化しておこう。

条件的必然性：ゴール G があろうならば、必然的に質料 M1…Mn が過程の初期条件として存在する
［G→M1…Mn］（時間の流れは t2→t1 へと「後方視的」）

端的必然性：過程の初期条件として質料 M1…Mn があれば、必然的にゴール G が生じる
［M1…Mn→G］（時間の流れは t1→t2 へと「前方視的」）

アリストテレスが条件的必然性について強調するのは、その後方視的かつ一方向的な性格である。つまり逆（前方視的）には働かない、［G→M1…Mn］は様式的に［M1…Mn→G］を含意しない、ということである。かれはこの一方向的連関性を、幾何学の証明に認められる必然性様式の一方向性との類似性の指摘により強調する（200a15-30）。幾何学の証明の必然性とは「推論の出発点たる前提（例えば「直線とはこれなるものである」）があれば必然

的に結論（例えば「三角形の内角の和は二直角に等しい」）があるというものであり、かれは、［前提→結論］が様式上［結論→前提］を含意しないことを指摘し、条件的必然性の後方視的一方向性を間接的に示している。条件的必然性のこうした一方向的な特徴は『動物部分論』でも強調されている（cf. I1, 640a4-7）。

ところで、「条件的（後方視的）必然性」の解釈に関し、かつてボームとクーパーを中心に論争が展開された。[8] かれらの試みの一つの柱は、『自然学』第2巻第9章や『動物部分論』第1巻第1章で条件的必然性を提示するアリストテレスが、それとは異なる先人以来の必然性を（先述した鳥におけるくちばしの例にあるように）動物学著作の多くの箇所で認めている事実に苦慮しつつ、整合的解釈を提示するものだった。例えばボームは、くちばしの例にあるような一見「条件的」でない必然性もアリストテレスの目的論の中では条件的必然性に「還元」されると解し、必然性の一本化を計った。その一方クーパーは還元説を否定し、元素による必然性は「条件的必然性」から独立的に働くと解すが、生成過程の最初（特に生物発生時）に然るべき質料が存在することは条件的必然性により、その意味で先人以来の必然性は条件的必然性に「包摂」されるとした。かれら（特にボーム）の試みの根底にあるのはおそらく、両必然性は両立しないという危惧であろう。しかし両必然性の様式上の時間的逆行性、特に条件的必然性の後方視的様式をアリストテレスが強調することに留意すれば、そもそもこうした危惧自体が不要に思われる。両者は無矛盾的に様式を異にする意味で両存可能であろう。

そしてこの両存可能性こそ、唯物論的な先行自然学者たちに対するアリストテレスの歩み寄りを示していると思われる。条件的必然性の後方視的な一方向性の強調は、元素の本性による端的必然性（前方視的必然性）を生成原理に据える先人に対する一定の和解的態度の表明であると同時に、アリストテレス自身の原理論の中では、物理的原理を排除しない仕方で目的論を主張しようとする、「質料としての自然」と「形相としての自然」の調停の試みの現れでもある。もし後方視的必然性が前方視的な時間の流れ（即ち通常の時間軸）において実質的に働くのならば、目的因が物理的に（すなわち「いまここで目的因が作動している」という風に時間と空間に関し特定できるような仕方で）、質料的原理の物理的ふるまいを補助ないし改変ないし排除するように働いている、ということを意味することになろう。[9] 目的因は、人間にとってあたかも原因に見えるに過ぎないものではなく一定の実在性を有するとはいえ、しかし実質的に働く（前方視的な）原因であるわけでもない――そのような微妙なラインをアリストテレスは有機体事象において模索しているのであろう。あるいは、別の角度からこう言ってもよいかもしれない。すなわち、「（これまで私が特徴づけた意味での）条件的必然性が存在せず、なおかつ仕方で目的因が原因・根拠（aitia）として生成に関与する」などという事態が一体どのようにして可能なのか、と。こうした事態を認めることは、条件的必然性以外の仕方で目的因が生成プロセスに関与・介入することを認めることに繋がり、となると目的因は、一気に神秘的或いは擬人的な性格を帯びたものになりはじめる。「目的因」なるアイティアが、時空上の物理世界において物理的原理・力を排除しない仕方で、しかもなお実在的を保持したものとして時空上の過程に関与し得るとすれば、それは、アリストテレスが理解する仕方での条件的必然性（だと私が理解するもの）によってしかありえないのではないだろうか。というのも、条件的必然性において「質料が条件的に必然化される」という事態は、目的因が時空上の生成プロセスにおいて、質料の持つ物理化学的な力のみを利用する――ただし「利用する」という表現はあくまで比喩に過ぎないが――ことによって生成に関与することを意味するからである。以上の通りであり、かつ、アリストテレスが端的必然性を目的論的生成において一定の仕方で（しかも条件的必然性との併存を認めつつ）認めていることがテクストから確認されるのだとすれば、条件的必然性と端的必然性は目的論的である限りのあらゆる部分において併存すると理解することができるであろう。

4. 生成の設計図としての目的因

以上のようにアリストテレスは、目的因が関与する条件的必然性（後方視的必然性）を目的論的生成に導入する意味で先行自然学者からは独自の立場をとりつつも、その後方視的かつ一方向的な存在様式の強調により、それが先人の認める必然性（いわゆる端的必然性）と様式的に矛盾しないことを示そうとしている。このような仕方でかれは目的論的説明と物理的説明を排他的に捉える先人の立場に修正を迫っており、その意味でかれは一定の仕方で整合的で合理的な議論の遂行を果たしている、といえよう。

しかし、である。先人たちにとってみれば疑問は依然として解消されないはずである。確かに、条件的必然性と端的必然性が時間の流れに関して逆行していれば、両者は同一の時間軸で衝突し合わずに済むにしても、しかしそれだけでは両者の非排他性が示されただけで、両者の連関は、すなわち目的因は原理として物理的作用にいかなる仕方で関与するのかは不鮮明なままである。もちろん、「条件的必然性という必然性様式によって目的因は物理的世界に関与する」という答えはすでに与えられているわけであるが、しかし、「条件的必然性においてゴールがプロセスの初期条件を必然化する」とはいったいどういう事態を意味するのかについては、より具体的なイメージを持ちたいと思うのが、説得されるべき相手である先行自然学者の、さらにいえばわれわれの自然な知的欲求であろう。この問題、すなわち目的因という原理と物理的原理との接点、質料的自然と形相的自然の接点の可能性という重大かつ厄介な問題について、アリストテレス自身はそれを明示してくれてはいない。しかし、かれの態度は『自然学』第2巻第9章と『動物部分論』第1巻第1章から汲み取れるようには思われる。かれは次のように述べている。

「おそらくロゴスの内にも必然的なこと（必然性 to anankaion）は存在する。……というのも、ロゴスの内にも

「ロゴスの質料」と言える部分があるからである」(II9, 200b4-8)

ここでアリストテレスは、目的がそれに存するところのロゴスには既に質料概念が含まれることを、鋸を例に挙げて指摘する。鋸の使用目的である「木の切断」は、鋸の機能(ergon)である。技術品は元来一定の目的のために開発されたものであるから、技術品の種的な定義としてのロゴスは当該機能への言及を当然含む。かれは鋸の切断機能が鉄という質料を不可避に要求することを指摘する。つまり木の切断は鉄ほどに硬い質料でなければ、また鋸状の歯は鉄でなければ実現され得ない(200b5-7)。このことは、条件的必然性はある意味では端的必然性(前方視的必然性)の存在を含意するということを意味する。つまり、鋸の例を有機体という本来の説明対象に置き換えて捉えるならば、有機体部分の当該機能が実現するのは、あくまで特定の質料の存在、配置、運動のもとにおいてだということである。そして、条件的必然性という後方視的な必然性様式がそもそも存在し、機能という概念が条件的必然性において成立するのは、前方視的な必然性様式の端的必然性が存在しているからこそのことである。こうした意味において、両者の調和的両存は理解可能である。

そして、「ロゴスの質料」つまり「質料概念を含んだロゴス」という概念は、目的因の、その後方視的な様式に則した仕方での、質料的自然への——換言すれば前方視的な物理的プロセスへの——具体的接点を示していると思われる。つまり後方視的必然性という存在様式の下、物理的(前方視的)なプロセスの始点において、一定の質料的配置が記されたある種の設計図のようなものが、テロスから必然化されたものとして存在する、という知見が示唆されている。そして、この「設計図」に記されたところの質料配置は、分析的に言えば、究極的には元素の混合比として表現できるものであろう。興味深いことにアリストテレスは『動物部分論』第1巻第1章で、ロゴスとは「比率」であり有機体部分の説明にはそれを構成する「元素の混合比(logos tês mixeôs)」を明示すべきとするエンペドクレスの主張をある程度肯定的な仕方で紹介している（642a18-24）。有機体部分を元素のレヴェルへと分析すれば、当該機能の遂行に適した特質を備えた特定元素の混合比がそこに見出されるだろう。例えば骨は肉質部分の保護のため硬質でなければならず、必然的に骨の元素混合比は土的部分が大部分を占める（cf. P.A. II8, 653b33-36, II9）。アリストテレスの見解の内に目的因と質料的自然の接点を生成の「設計図」という仕方で見出すならば、その「設計図」は、質料が最終的に元素のレヴェルにまで分析的に捉えられた場合、有機体各部分の機能遂行に適した特定元素の混合比として表わされるだろう。

条件的必然性を介しての目的因の生成への関与はやはり徹底して後方視的であるとして、われわれが通常「時間的」と呼ぶのは前方視的な時間の方向性のことであるとすれば、生成への目的因の後方視的な関与様式は、「無時間的」なものであるとも表現され得よう。「設計図」という比喩表現は、こうした目的因のありかたに即した仕方で生成への目的因の関与様式を表そうとするものである。

第2章　自然と技術のアナロジー

1. はじめに——自然の目的論を論証する手だてとしてのテクネーアナロジー

前章で見たように、アリストテレスは自身に先行する唯物論的自然学者との対峙を通じ、自らの提示する有機体目的論を、質料的原理（われわれの一般的語彙を用いれば物理法則）と整合的な仕方で、しかも質料的原理の原理的な権能をまさに質料的原理の側面内においては十全に認めるという仕方で位置づけたのだった。この、極めて一般的な言い方をすれば「目的論と機械論の調停」という作業の遂行とならんで、アリストテレスが自らに課したこと、それは、自身の主張する有機体目的論の内実そのものを詳細に明らかにし、有機体における目的論的説明の有効性・妥当性を積極的に提示することである。すなわち、生物は「なぜ」「どのように」目的論的であるのかという基礎的な問について、説得的な仕方で答えることである。この基礎的な問のうち、生物は「どのように」目的論的かという問については、かれは現に自然学・動物学著作において有機体についてさまざまな目的論的説明を実行している以上、さしあたりは「そうした諸説明の総体がその答えだ」と答えることができる。或いは、そうした総体の内実をシンプルに一括するような定式化が求められるとすれば、すでに指摘したように、「生物は種的形相の獲得と存続を究極目的とする仕方で目的論的である」と言えばよいであろう。[10] ただし、「なぜ種的形相が究極目的として設定されるのか」と問う人がいるかもしれないので、それについて若干の説明は必要であろう。そこに存するアリストテレスの知見はおそらくこうである（cf. G.A III, 731b29-32a1）。まず、存在は非存在よりも、完全な存在は不完全な存在よりも、形相は質料よりも（例えば形相は事物の一性の根拠であるが故に）それぞれ優れている（望ましい）。ところで魂と身体は形相質料関係の一事例であり、故に魂は身体よりもよい。魂は生物において生きていることを司る原理であるからには、生物においては、生きている（魂という形相的原理を現在させている）ほうが生きていない（それを欠いている）よりも望ましい（優れている・よい）ことである。ただし、生物個体はその本来的有限性の故に、個体である限りのそれとしては存在（魂という形相的原理の保持）を貫徹できない。しかしそれは、タイプ（自然種）のレヴェルにおいては、再生産の永続的連鎖という仕方で可能である。かくして、種的な形相が当該自然種に属する各個体の（当該自然種の一員としての）生成と存在の究極目的となる。以上のように、種的形相を究極目的としてアリストテレスが設定する理由は、「存在は非存在よりもよい」という一般的テーゼから導くことができる。

しかし、もう一つの問、つまり「なぜ」動物は目的論的だと言えるのかという問はより厄介でかつより根源的である。すなわち、種的形相が目的たるに相応しいものだとして、なぜ動物は本当に――つまり単に見た目上そうなっているというだけの意味ではなく原理的な意味で――それに向かっていると言えるのか。なぜ本当に動物（身体部分であれ身体全体であれ）の生成と存在は目的的なのか、或いは最もシンプルに言えば、なぜ自然は目的的なのか。動物学著作における個々の目的論的説明では、こうした根源的な問は原則的に留保されている。すなわち、種的形相が実在的目的であることは既に措定された上で、この究極目的のもとでの各部分の目的論的説明が展開されているのである。そしてそれは、動物の具体的な組成や生態を記述するという、当該領野が保持する担当領域限定性を考えれば、奇異でも不当でもない。アリストテレスは、そうした根源的な問のためには別の場を確保している。すなわちそれは、自然哲学の基礎論的な場、すなわち「自然が目的因に属することを説く」（198b10f）という宣言で始まる『自然学』第2巻第8章の論考である。そこでアリストテレスは、「どのように」有機体が目的論的であるのかを、「なぜ」という根源的な問を含みこむ仕方で、主題的に論じている。ただ、興味深いことにかれはこの作業を、厳格な推論形式によっては遂行していない。かれがそこで採る論述手法は、アナロジーである。このアナロジーこそ、質料的自然と目的論を調停する方策とならぶ、有機体目的論展開のもうひとつの方策である。本章ではこの方策を対象とするものである。

2. 問題の所在――テクネーアナロジーによって自然の目的論を語ることの危うさ

『自然学』第2巻第8章においてアリストテレスは、生物に存する目的論的性格と技術的事象に存するそれの平行性を説明することで自然の目的論構造を浮き彫りにする「テクネーアナロジー」を展開している。技術的・制作的事象は、本来的に目的論的な性格を有している。技術品（例えば家）は元々一定の目的（居住）のために人間が開発したものであり、当該技術の所有者（建築家）が当該ゴールの成就に向かって設計・制作（建築）を行うという図式が定義的に成立している。アリストテレスはこの制作モデル（以下、「テクネーモデル」と呼ぶ）を、生物が自身の形相的自然の成就をゴールとして生成・存在する営み（これを「有機体モデル」と呼ぶ）と平行性に捉え、まさにその平行性と異同を類比的な仕方で説明することで、有機体が「なぜ」「どのように」目的論的であるのかを主題的に論じ解明しようと試みているのである。[11]

しかしながら、アリストテレスのこのテクネーアナロジーは、かれの自然目的論の意義を考えるさいには従来からどちらかといえば否定的な材料として機能してきた。すなわちこのアナロジーは、制作という人間の営みに見出される目的論的性格から自然的事象の目的論を導き出すという手法をとるため、通念的には、粗野な仕方による自然の擬人化だとしばしばみなされてきた。また、アリストテレスについての専門的研究のレヴェルにおいても、アリストテレスの目的論を一定範囲内で評価する研究者でさえ、例えばクーパーはこの方策をアリストテレスによる目的論展開の中心にないと見なすなど、このアナロジーを低く見積もる傾向がある。[12] こうした軽視の傾向の背後には、ブローディーの指摘するように、アリストテレスの有機体目的論に心的な要素、すなわち行為主体が願望（目的を設定）し、その手段を思案した上で特定行為を選択するといったような心的プロセスを有機体目的論の説明のさいに導入してしまうことへの危惧があると思われる。[13] 私は以下の考察で、アリストテレスの遂行する議論の内実を捉えれば、こうした非難も批判も危惧も真正なものではないことを示したい。技術と自然の平行性の指摘から有機体の目的論的性格を説明することは果たして「自然の擬人化」の産物なのか、という問題をテクストに則して吟味すれば、そこで明らかになるのは、自然の擬人化の産物ではないどころか、むしろアリストテレスは有機体目的論が人間の意図的行為の目的論と異なることを強調したいのだということである。以下における一連の考察によって、アリストテレスの主張する自然の目的論の適用範囲と様式について一定の見通しをたて、その有効性と妥当性を探りたい。

3.　テクネーモデルと行為モデル

テクネーアナロジーという方策の輪郭のみをさしあたり述べておけば、技術を原理とする制作に見出される一定の仕組みから有機体の存在と生成の構造を類比的に説明することで、後者に見出される目的論的構造を浮き彫りにしようとするものである。技術品制作は人間の営みであり、一般的に言えば広い意味で人間の「行為」の範疇に通常入れられるであろう。事実アリストテレスは、自然と技術の平行性を端的に表明するさい、「まさになされる（prattetai）ように自然的にあり（pephyken）、自然的にあるようになされるのである」（199a9-10）と述べ、「なされる（prattetai）」という（ギリシア語で「行為」を意味するpraxisと同系統の）言葉を用いている。とはいえ、ここで「なされる」と表現される営みによってアリストテレスが想定しているものは、実際には、家の設計・建築、鋸や斧の制作などのいわゆる「ポイエーシス（poiēsis　原義的に表せば「つくる」営み）」であるからには、『ニコマコス倫理学』における分類にあるように、行為論の場面での典型的な――行為主体が目的を設定（願望）し、その達成手段を思案した上で特定行為を選択するという狭義の――「行為（praxis）」とさしあたり区別されるべきものであることも確かである（cf. E.N. VI4）。つまりここで「なされる」と表現される営みとは、一定の目的のため存在する技術品（例えば家）が当該技術の所有者（例えば建築家）によって設計、制作されるという様式、もしくは技術による状態（例えば医術による健康状態）が当該技術の所有者（例えば医者）によりもたらされるという様式をもつ営みのことである（e.g. 199a12-15, 33-35）。これらの営みはここで「ポイエーシス」と明示されないが、建築や治療と自然的生成の類似性が同様に指摘される『形而上学』Z巻第7章では、それらはポイエーシスと呼ばれている（1032b9-14）。自然（生成）と平行的とされる技術（制作）は、広義的には人間の行為ではあるがこのように微妙な位置にある。とすれば、「制作という人間の営みから自然的存在の目的論的性格を類比的に説明するアリストテレスの方策に、自然の擬人化の影を見るか否か」という問題は、「果たしてそこで願望や思案を伴う人間の意図的行為（狭義の行為）の図式がモデルとされているのか」という問に再設定されよう。以下では議論の明晰化のため、行為主体の意図や選択が強調され、行為主体の心的過程に言及される意味での目的論的行為の図式を「行為モデル」と呼び、制作の図式である「テクネーモデル」とひとまず区別しておき、両者の異同を考慮しながら考察を進める。

4. テクネーアナロジーはなぜ成立するのか？——技術の自然模倣テーゼ

まず個々の議論の分析の前に、この方策を目的論の内実の説明に導入するアリストテレスの意図、もしくはこの方策の有効性の根拠について検討しておきたい。これを確認しておくのは、第一に、そもそもなぜ、技術と自然の平行性を指摘することが、自然の目的論的性格を説明するのに有意味で有効なのか、それが問題となろうからであり、第二に、この問題が従来どちらかといえば見過ごされたままテクスト分析がなされてきたからである。

最初に確認しておきたいのは、自然（生成）と技術（制作）をめぐる論考は単に両者の平行性の指摘を狙いとするのではなく、「自然の目的論」の内実を指摘するという議論の趣旨からも解る通り、説明されるべき真のターゲットは前者であり、したがって、「技術から自然へ」という説明の方向性を有するということである。確かに両者は、「なされるように自然的にあり自然的にあるようになされる」とまずは平行的関係において捉えられ、そこには循環的（ないし双方向的）な類似関係の成立が認められている。しかし、この方策でかれが基本的に行っているのは、目的論的であることがわれわれに明らかである制作の営み（テクネーモデル）から、「自然によるもの」とりわけ有機体の存在と生成の構造（有機体モデル）の目的論的性格を類比的に理解せしめよう、というものである。アリストテレスは、「技術によるものが「何かのため」なら、自然によるものもそうであることは明らかである」（199a17-18）と言う。技術品はそもそもわれわれ人間が設定する特定の目的のために開発されたものであり、制作という営みは当該目的（機能）の成就のために遂行されるものだとすれば、テクネーモデルのこうした自明的目的性から生命有機体モデルの目的論的性格を類比的に説明するというアリストテレスの試みは、読者（ないしリュケイオンにおける受講者）の理解を容易にするという意味では一定の有効性（説得的機能）を有していよう。しかし、このアナロジーは、どうやらアリストテレスにとって単なる比喩でも無根拠な方便でもないようである。そのことは、今引用した199a17-18の直前にある有名なテーゼが示している。

「一般的に技術は、一方自然が成し遂げ得ないことを成し遂げ、他方自然を模倣する」(199a15-17)

このテーゼの後半部は、『自然学』第2巻第2章においても「技術は自然を模倣する」(194a21-22)という表現により見出される。周知のように第2巻第8章のこの有名なテーゼは、伝統的芸術観との関連でも問題となるものであり、歴史的には特に「技術の自然模倣説」が文脈から切り離され、芸術模倣説という伝統的芸術観の基礎となってきたものである。今の文脈、即ち目的論の展開において特に重要なのも、テーゼの後半部分を成す、技術の自然模倣説である。アリストテレスはこの模倣テーゼに続いて「技術は……自然を模倣する。従ってもし技術によるものが何かのためであるなら、自然によるものも明らかにそうである」(199a17f)と結んでおり、この模倣テーゼが、一連の議論においてなんらかの核を成す存在であることは確かであろう。ここで言われる「技術の自然模倣」とは何か。自然(physis)とは「自然によるものの生成の自体的内在原理」であるという、『自然学』第2巻第1章における自然概念の一般的規定(192b8-23)に対比させれば、「技術(technê)」とは「技術品制作ないし技術による状態への導きの、外在的な――即ち技術品や技術による状態には内在していない――原理」である(cf. E.N. VI4, 1140a11-16)。「模倣(mimêis)」という言葉の持つ意味合いをアリストテレスはここで明示していないが、かれの言う「自然」と「技術」が、このように第一義的には自然「物」や技術「品」ではなくあくまで生成や制作の「原理」を指すものである以上[14]、当の「模倣」関係は、原理レヴェルにおいて成立するものであるということが言えるであろう。そして、テクネーアナロジーがまさに自然的存在と技術品制作の目的論的性格を示す中で導入されているものであるという文脈を考える限り、ここで言われる「模倣」とは、原理である自然と技術が共に目的論的構造を有し、かつそうした構造は自然において本性上「より先」なるものであって技術の側はそれを追随的に共有している――つまり本性上「より後」である――ということを含意するといえる（cf. P.A. II, 639b09-21）。[15] したがってここでいう「模倣」とは、人間が制作において自然による営みを「真似る」とか、絵画などにおいて「自然物」を「模写する」とかいった意味でのそれとは異なることになる。[16]

このように模倣テーゼが示すことは、生命有機体モデルとテクネーモデルには、本性上「自然が〈より先〉、技術が〈より後〉」という序列性が目的論的構造に関して存在するということである。とすれば模倣テーゼは、目的論的であることがわれわれの認識上自明な側の技術的事象（ベース）を示しつつ、ベースほどには自明ではない側の自然的事象（ターゲット）を類比的に弁証するという「技術から自然へ」という方向性を有するテクネーアナロジーにおいて、そうした説明様式を下支えする役割を果たしていることになる。すなわち模倣テーゼは、アナロジーなる図式（ベースからターゲットへ向かう方向性を伴う比例的四項図式）がまさにアナロジーとして成立する根拠として機能している（とアリストテレスがみなしている）ということである。[17] チャールトンは模倣テーゼを目的論展開にとって「それ程重要性を伴わない」と解し、また模倣の例として絵画などを挙げているが、[18] かれは模倣説がアナロジーの成立根拠である点、および物対物ではなく原理レヴェルにおいて成立する点を見逃している。発生的な観点から言えば、アリストテレスにおいてこのテーゼは、動物についての広範な調査研究や制作的事象についての分析といった個々の学問的作業によって得られた諸知見の集積から、帰納的に確信されるに至ったものなのであろう。ただ、発生的にはそうであるとしても、アリストテレスにとってこの模倣テーゼは、生物の存在様式、あるいは自然と人間（人為）についての関係性、さらにいえば存在者の総体としての自然に関する、それ自体はもはや論証的根拠づけを要せずむしろ残余の事柄がそれによって論証されるような、極めて基礎的で普遍的な性格をもった知見であったのだろう。まさにそのような基礎的な性格を持つものであったからこそ、アリストテレスはテクネーアナロジーを始めるにあたり、唐突にそして前置きや解説抜きに模倣テーゼをアナロジーの成立根拠として提示したのである。

5. テクネーアナロジーでなにが示されるのか

さてようやくであるが、以下においてアナロジーの議論の内実を検討したい。そこでの議論が、以上述べたように模倣テーゼを成立根拠とする類比の営みだとすれば、われわれはまさにそこでの議論が「類比」であることに留意しながら、すなわちそれが推論として論証的に妥当か否かというよりもむしろ、類比が如何なる点をめぐるものでありまたその類比の仕方がいかにわれわれにとって説得的であるかという観点のもとに、一連の議論の有効性と妥当性を探るべきであろう。

アナロジーはいくつかの局面をめぐっており諸議論は複層的である。ただ、テクネーモデルと生命有機体モデルが如何なる点で平行的なのかということ、およびアリストテレスの思索の展開の仕方に注目すれば、諸議論は三つの段階からなると考えられる。すなわちそれは、第一に（a）自然（有機体モデル）が目的論的であることが示され、その上で、有機体モデルにおいて原理として存在するところの目的因がほかならぬ「自然としての目的因」であることが、（b）思案と（c）過失という二つの論点をめぐって開示されるという手順を踏むものである。以下ではそれらを順にみてゆきたい。

（a）アリストテレスはまず、テクネーモデルと有機体モデルの平行性について、両モデルには、模倣テーゼについての分析でも述べたように、一方有機体モデルにおいては自然という原理が自然的存在に内在し他方テクネーモデルにおいては技術という制作原理は技術品から外在する（つまり制作者に内在する）という原理上の差異があるにせよ、それぞれのモデルにおいては「先なるもの」と「後なるもの」との関係が同じであることを指摘する（199a8-9）。ここでいう「先なるもの」「後なるもの」という先後関係の平行性は、自然的生成と技術品制作のプロセスにおいて成立するものである。すなわち、それぞれの生成ないし制作の一連の過程においてその終点は、単なる「プロセスの終点」ではなく、当の終点に先立つ先行条件の系列がその終点の成就の「ために」方向付けられているという関係性を保持する終点、つまり「ゴールとしての終点」でもあるとされる。この状況が両モデルにおいて平行的に成立している事態をアリストテレスは、一方技術品制作が仮に自然による生成であったとしても、その生成の仕方は現に技術によってあるのと同様であったろうし、他方自然による生成が仮に技術による制作であったとしても、その制作の仕方は現に自然によってあるのと同様の仕方であったろう、という仮想まで行いながら強調する（199a12-15）。「なされるように自然的にあり、自然的にあるようになされる」という循環的な平行性がそこでは成立する（199a9-10）。

このように有機体モデルの目的論的性格は、両モデルにおける先後関係の平行性の分析を通じて提示されるわけであるが、しかしプロセスにおいて「先行するものが後行するもののために」あるという図式自体は、プロセスが目的論的構造を有することを一般的に示すものに過ぎない。したがって、先に提示した解釈上の問題、すなわち、ここで有機体モデルと平行的とされる制作モデルが、行為主体が目的を設定（願望）し、その達成手段を思案した上で特定行為を選択するというメカニズムを有する行為（praxis）の営み（行為モデル）とどこまで異質なものとして想定されているのかは明確ではない。そして、まさにここで「なされる（prattetai）」という（praxis と同族の）表現が用いられることも、そうした曖昧さを助長するものとなっている。

（b）そこでアリストテレスは、アナロジーの次なる段階として、有機体モデルの目的論的性格についてのさらなる特徴づけを行うことで、有機体モデルに独自の目的論的性格を、換言すれば有機体モデルにおいて見出される目的因がほかならぬまさに「自然としての目的因」であることを、示そうと試みている。この試みは、ヒト以外の動植物においてこそ、有機体モデルとテクネーモデルとの平行性・類似性が「最も明らか」（199a20）な仕方で存在しているのだ、という趣旨の主張を中心に進められる。どういうことか。アリストテレスはまず、ヒト以外の動植物に認められる目的論的性格を列挙する。例えば燕は巣を作り、蜘蛛は網をはり、植物の根は栄養摂取のため上でなく下に伸びる（199a26-29）。これらの目的適合性の多くは、例えば蜘蛛の営巣が端的であろうが、われわれの目をみはるほどに見事で巧みであり、「燕は天敵のカラスから身を守るため人の住む環境に巣を作る」といったように、（本来人間を主体とする文で用いるところの）他動詞を用いずには適切に表現困難であるということはわれわれの多くが感じるところであろう。とはいえアリストテレスは、やはりそれでもそれらの動植物には人間の行為のようには「探求（zêtêsis）」や「思案（bouleusis）」が働いていないことを──おそらく、植物をみればそれは明らかなのと同様に、動物においてもそうなのだという論法で──強調している（199a20-21）。そしてかれは、動植物におけるこれらの目的適合性が「探求」にも「思案」にもそして当然「技術」にもよるものではないとすれば、自然によるもの（有機体）に独自の原理としての目的因が存在しているはずであると主張する（199a20-30）。ここでアリストテレスが示そうとしているのは、有機体の目的論（有機体モデル）が、テクネーモデルともそして行為モデルとも異なるということである。とりわけまずもって強調されるのは、有機体モデルと行為モデルの違いである。かれはあえて、ヒト以外の動植物こそとりわけ優れてテクネーモデルと平行的であるとするのは、一生物としての有機体モデルとヒト独自のものである行為モデルが一個体のうちに両存する存在者であるヒトにおいてよりも、行為モデルを有せずともなお確固として目的論的であるところの動植物においてこそ、「自然としての目的因」が存在していることが明確だからであろう。生命有機体モデルと行為モデルがあくまで異なるということは、ヒトにおいてみられる目的論的性格のすべてが自然の目的論に含まれるわけではなく、願望・思案・選択を伴う意図的行為の目的論はそれから除外されることを示唆しているといえよう。

さらに注目すべきは、動植物の目的適合性が願望・思案・選択によらないことを指摘するさい、アリストテレスは「思案」や「探求」と共に、それらとは別立てで「技術」を挙げているということである。つまりかれは、有機体モデルと行為モデルが異なることを指摘する作業を通じて、行為モデルとテクネーモデルの違いについても間接的に浮かび上がらせようとしているのではないだろうか。このことを、有機体モデルとテクネーモデルの平行性をさらに押さえつつ示してみたい。

テクネーモデルと有機体モデルのそれぞれについてのアリストテレスの理解に従えば、両者は、目的が有機体にとってのみならず技術品にとってもそれぞれの種ごとに一定不変であるという点で類似している。もちろん技術品の使用目的は人間が外的に設定したものであるが、それぞれの種類の技術品はそもそもある特定の目的のために人間によって存在せしめられているものである。例えば建築物は外界からの保護のために、鋸は切断のために存在するとアリストテレスは言う（II9, 200a7-8, 200a10-13）。技術品の制作原理である技術が定義的に特定の目的のためである以上、技術品にとってもそれが果たす目的性は定義的な事態である。このことは、種的形相の獲得と存続という不変の目的を有する有機体モデルと平行的に捉えられる。技術品の使用目的が当初の目的から変容することもあり得ようが、しかしその暁には当該の技術品と技術は、当初とは種的に異なる原理と存在者にそれぞれ変容することになろう。こうした意味において技術品の使用目的は当の技術品にとって「もともと存在しているもの」である。このことは、テクネーモデルと行為モデルが異なること、そして有機体モデルも行為モデルと異なることを意味する。つまり行為モデルにおいては行為の目的が様々な局面に応じその都度設定されつつ行為選択が遂行されるが、有機体モデルやテクネーモデルにおいてはそうではない。「技術は思案しない」（199b28）と言われるように、技術品制作においては、行為モデルと異なりもはや当該技術品の使用目的について思案はめぐらされず、技術品の完成状態における形相の実現こそが制作過程の終点にして目的となるのである。例えば『形而上学』Z巻第7章で挙げられる治療で言えば、実際の治療に到るまでの、患者に如何に処置すべきかという医者における心的な営みは(poiêsis としての) 治療に含まれず、処置内容が決定した後の実際の治療 (投薬、施術など) が「制作 (poiêis)」であるとされている (1032b6-10)[19]。有機体モデルと平行的であるとされるところのテクネーモデルは、制作者の心的営みを強調するものではなく、制作の営みをいわば第三者的観点から、事態として捉えたものである、という言い方もできる。以上の点でテクネーモデルは行為モデルと一線を画している。

(c) アリストテレスはさらに、有機体モデルとテクネーモデルのそれぞれにおいて生成が本来の目的通りに成就されなかった場合、つまり「失敗 (hamartia)」によるテロスの不成就の例について考察している (199a33-b9)。これが、有機体モデルにおける「自然としての目的因」の内実をさらに開示しようとする、次の段階のアナロジーである。「失敗」という概念から自然による事象 (ここでは生物の奇形) を説明するというやり方は、一見したところ露骨に行為モデルが反映されているように思えることであろう。とすれば、果たして本当にそうである (すなわち自然の擬人化の産物である) のか、そしてこの論点によってアリストテレスが示したいことはなんであるのかを慎重に見極める必要がある。

テクネーモデルについては、技術の修得者において、当該技術の使用に関し「失敗」が生じ得る。例えば文法学者(もしくは文法修得者)(grammatikos) といえども時には言明や記述に際し文法上の誤りを犯し得るし、医術を修得した医者も誤って患者に投薬し得る (199a33-35)。他方有機体モデルにおいては、有機体の発生過程において種子や精子の損傷により時に奇形が生じる。アリストテレスは、テクネーモデルにおけるこうした「失敗」から、有機体モデルにおける「奇形」が類比的に理解されると主張する。両者の平行性の焦点はなにか。それは、いずれのモデルにおいても、予め確定的なテロスが存在していながら、生成・制作プロセス上の外的妨害によってテロスが最終的に成就しないということにある。まずテクネーモデルについていえば、アリストテレスの理解する「失敗」とは、技術所有者における当該技術自体が不完全な状態にあった故に起こる誤りのことではない。grammatikos とは「文法学者」や「文法修得者」を指すギリシア語であって、「文法を修得途上の者」を指すわけではない。すなわちかれの言う意味での「失敗」とは、技術行使者の技術修得の未熟さゆえにではなく、技術という原理の外部にある要因、つまり技術所有者による技術の誤使用によって生じるものである。技術の誤使用は、当人のミスであれ他のミスであれ、技術所有者の保持する技術に不備があったり、当該技術自体が原理的な欠陥を内包したりしていることによるのではなく、技術を使用するプロセス上のミスによるものである。アリストテレスの知見に即していえば、技術習得の未熟さゆえに過つ人がいるとすればそうした過ちはもはや「失敗」でさえなく、そもそもその者を「技術所有者」（例えば建築家や文法学者）と呼ぶことさえできないことになる。

他方アリストテレスは奇形の例として、「人面の牛の子」という誇張的仮想例を挙げる（199b4-9)。「失敗」からの「奇形」の類比は、人面の牛の子なるものが仮に生じたならばその要因は何か、ということに関わる。かれによれば人面の牛の子は、牛もしくはヒトにおいて、それぞれの種的な形相の獲得という確定的テロスが予め存在していながら、発生過程におけるプロセス上の外的な要因により精子が損傷を受け形相が現実化しなかったことで生じる（199b5-7)。精子は発生時において受精卵の形相的原理を担うとされるものである（cf. G.A. III, 734b19-735a26)。テクネーモデルにおける失敗は、技術所有者における技術習得の未熟さ故にでも技術自体の原理的欠陥故にでもなく、技術使用のプロセス上の外的要因によるものであった。これと類比的に、人面の牛の子は、種的な形相の獲得というテロスが当該有機体に確定的に存在し、精子が受精卵の形相的原理を担うものとして存在していながら、発生プロセス上における精子ないし受精卵の外的要因による損傷故に生じたものである。両モデルのアナロジーの最大の焦点は、どちらの場合もテロスの不成就の要因が外的なものであるということにある。即ち、技術ないし形相的自然という生成原理が存在し、かつ本来目的適合的であるはずの生成においてテロスが成就しないとすれば、それは当の生成における目的因の不在や不完全性故にではなく、プロセスにおける何らかの外的な始動因の作用、つまり過程の初期条件から終点へ向かう物理的作用によってなのである。テロスの側からいえば、目的因は徹底して無時間的な性格、あるいは別の言い方をすれば、時間の流れとは逆向きに過程の終点から初期条件へと向かう性格（後方視性）を有するものだといえる。このことは、前章で詳細に論じたように、アリストテレスが条件的必然性の存在様式について強調したことでもあった。

6.「自然の目的論」の様式と適用範囲

アナロジーによる有機体目的論の議論をここで振り返りたい。そしてその内実に、アリストテレスが『自然学』第2巻第1章で行う自然概念の一般的規定の箇所を確認しつつ目をやるとき、アリストテレスにおける「自然の目的論」の様式と適用範囲について一つの見通しがたてられるように思われる。

アリストテレスが第2巻第1章で「自然」を「自然による（physei）」ものの自体的内在原理と規定していることは先に指摘したが、ここで注意すべきは、アリストテレスが「自然によるもの」として認めるのは、（1）動植物およびその諸部分と（2）四元素だということである（192b9-11）。（1）と（2）の区別は、型式、ロゴスでありまた『デ・アニマ』の文脈で言えば魂（psychē）（cf. De An. II, 412a19-21）である「形相としての自然」と、事物に常に基体として内在し四元素を究極的構成要素とする「質料としての自然」という分節に連続している（193a28-31）。このようにアリストテレスの挙げる「自然によるもの」が生命有機体と四元素のみであるということは、それ以外の無生物や自然現象が「自然によって」であるのはそれらが四元素からなる――つまり質料的自然を内在させている——限りにおいてであることを意味する。とすれば結局のところ「形相としての自然」を有するのは、身体という質料に対する魂という形相を内在させている限りの存在、つまり有機体のみである。アリストテレスの自然の目的論の図式は、質料的自然と形相的自然を原理として有するものである有機体が、自身の「自然としての形相」つまり種的な形相の獲得と存続のため存在し生成するという図式である。アリストテレスの主張する自然の目的論がいかなる適用範囲を有するのかという問題との関係でいえば、少なくともこうした図式が、無機的事象を範囲外とすることは確かである。もちろん、今考察しているテクスト箇所からだけではそれ以上のことはいえない。しかし、そのことと、前章で確認した事柄、すなわち『自然学』第2巻第8章における先行自然学者批判（198b16-199a8）において解釈上の争点となる「降雨の例」について、それを目的論的事象の一例とすることにアリストテレス自身はコミットしているとは解せないという私の解釈を総合して考えれば、アリストテレスにおける自然の目的論の適用範囲は有機的事象に限定されるものであるという理解こそ合理的であると私は考える。そしてさらに、自然の目的論には次のような限定も必要であろう。われわれヒトも有機体の一員であり、したがって自然の目的論の範囲に当然含まれることになる。ただしそれは、まさにヒトが有機体の一員である限りにおいてである。アリストテレスは、探究も思案もしないヒト以外の動物においてこそ有機体の目的論的性格が典型的であると言う。ということは、ヒトが有機体目的論に含まれるとしても、それはヒトという自然種である限り、換言すれば他の諸生物と有機体モデルを共有する限りにおいてであることになる。そして、人間の願望・思案・選択を柱とする個のレヴェルにおける行為の図式ないし行為の目的論は、アリストテレスにおける有機体目的論の適用範囲外である。[20] ましてや、アリストテレスの自然の目的論を、行為モデルを雛形とする擬人化の産物であると解することは誤りである。また先の奇形のケースで見たようなテロスの徹底した無時間性ないし後方視性は、目的因が物理法則を超えしかも物理的な力として（前方視的 forward-looking に）働くような意味での神秘的生気論——つまり物活論と変わらない自然観——からも、かれの考える有機体目的論が解放されていることを示している。

以上、二つの章にわたって、アリストテレスが自然哲学において展開する「自然の目的論」について、かれの保持する立場の内実と意義を探ってきた。以下ではこれら二つの章の結びに代える仕方で有機体事象における目的論的説明の意義について、いわゆる機械論と目的論の調停という極めて一般的な観点を踏まえつつ、議論の纏めを兼ね最後に短く述べておきたい。

これまで見てきたように、アリストテレスは有機体の存在と生成に関し——有機体事象に限りかつ行為モデルとの差別化を行う仕方で——目的論的説明を導入する一方、元素の物理化学的相互作用を基本とする質料的原理が、まさに事象の物理的側面においては当の事象の生起を特徴づけるものであることを認めていた。それは、生成の必然性という文脈においては、唯物論的な先行自然学者以来の質料的必然性（端的必然性）が、「質料故にとして（hôs di'hylên）」という限定内で——即ち目的への言及抜きに純粋に質料的な側面において——過程の結果を提供するものとして認められるということを意味した。確かに目的論のシステムの中でかれは条件的（後方視的）必然性という様式を提示し質料をテロスに条件づけられたものとしても捉えるが、ただしこの条件的必然性は、その無時間的ないし後方視的な様式故に、端的必然性と排他的関係にあるものではなかった。

だがそれでは、「事象の説明」という説明的関心の文脈でいえば、目的論的説明は果たして有機体事象の説明原理として、如何なる意味で不可欠なのだろうか。これまでの論述で私はある意味で自然目的論の範囲と様式を限界づけ絞り込んできたわけであるが、ともあれそれが質料的説明（われわれの言い方でいえば物理的説明）と矛盾しないとして、そのような見ようによっては「縮小された」目的論は、果たして何故に必須なのだろうか。別言すれば、なぜどのように物理的説明のみでは不十分であり、それに加え目的論的説明が導入されることに如何なる意味と意義があるのだろうか。

この問に対して私はなにか独創的なアイディアを持っているわけではないので、今まで扱ってきたテクストとその分析を手掛かりにしか語ることができない。その手掛かりとは、アリストテレスが物理的原理に対して附す「質料故にとして」という限定である。すなわちこの「質料故にとして」という限定は、有機体事象の説明において物理的な説明様式の権能を積極的に確定するものであると同時に、物理的説明の限界と目的論的説明の独自的意義を開示するという二重の意味を保持していると言えるのではないだろうか。即ち元素の相互作用を基本とする「必然による説明」は、それが事象の質料的側面においては目的や形相的原理への言及抜きに事象の生起を特徴づける説明となるということの裏返しとして、「質料故にとして」という限定のもとでしか有機体事象を特徴づけ得ず、形相的側面を開示することはできないのである。有機体において目的は端的にはまさにその種的な形相の獲得と存続である以上、目的、特に有機体各部分の機能への言及は、事物の形相的側面の開示に不可欠である。必然性の文脈で言えば、条件的必然性において質料の存在を必然化するところのテロスが「ロゴスの内にある」と言われるように（200a13-15）、条件的必然性の導入こそが、ロゴスのレヴェルにあるところの形相的側面に不可欠となる。第1章の最終節で述べたように、ロゴスは目的因の生成への関わりという観点においては言わば「生成の設計図」として捉え直すことができるが、こうした設計図がまさに存在しているということ、別言すれば有機体事象がまさに種的形相の存続のために存在し生起しているという事実そのものについては、純粋に質料的な説明はそれを開示し得ない。とはいえ、話を戻すようではあるが、アリストテレスの自然目的論において忘れてはならないのは、そうした目的適合的生成が、その物理的側面においてはあくまで質料的原理が当該の生起の十分条件を提供するという仕方でもたらされる、ということである。その意味で、物理的説明と目的論的説明は車の両輪として機能する。

第3章　目的論と自然美

1. はじめに――自然の目的論と自然美

ところで、前章で一度指摘したように、形相（種的形相）の獲得と存続を究極目的とする有機体目的論の基本的図式の根底には、「存在は非存在よりもよい」という極めて一般的なテーゼがアリストテレスのうちに存在していたのだった。すなわち、存在は非存在よりも、事物の一性の根拠たる形相は質料よりも一層優れており、したがって生物においては魂（＝生命原理）という形相的原理が現在するほうがしないよりよい――「生きていないよりも生きていることのほうがよい」（G.A. III, 731b29-31）――ことなのであった。有限的存在者である個々の生物は、魂という形相的原理の保持をまさに個体である限りにおいては永続的に貫徹することができないが、タイプ（自然種）のレヴェルにおいては個体の再生産の連鎖という仕方で可能であり、かくして、種的な形相こそが当該自然種に属する各個体の（当該自然種の一員としての）生成と存在の究極目的となる。この「よさ」という価値の次元を開示してくれるもの、それは当然ながら目的論的な説明である。すなわち、種的形相を究極目的とする仕方での生命事象の様々な（その生態、各部分の機能などに関する）目的論的説明は、そのそれぞれが一定の仕方で生命事象に見出される価値を表明していることになるだろう。さらにいえば、アリストテレスは有機体に見出されるそのようなさまざまな目的性を「美の座（hê tou kalou chôra）を占める」（P.A. I 5, 645a4-31）ものであるとも表明しており、自然の目的論的性格、そして自然についての目的論的説明は、自然に見出される美（自然美）とも関連するものとして捉えられているのである。

本章で扱うのはこの問題である。すなわち、これまでの純粋に自然哲学的な考察からは軸足を移すことになるが、以下では、アリストテレスが芸術論を展開する場である『詩学』に考察の場を拡げ、そこでアリストテレスが展開する芸術と自然美の関係についての議論を扱いたい。アリストテレスが『詩学』において両者の関係に言及しそれを中心的に論じるのは、芸術作品によって鑑賞者が得られる快をテーマとする議論の中においてである。節を改め具体的考察に入りたい。

2. 問題の所在——芸術作品と快の関係

アリストテレスは『詩学』において、「模倣されたもの」と快の関係を論じている。アリストテレスの芸術論において両者の関係は、通常の言葉遣いをすれば、芸術作品とその受容に伴う快の一般的関係に相当する——或いは少なくともそれと問題を共有している——と私は考える。なぜそう言えるのか。それは次のような事情によってである。アリストテレスにとって、叙事詩、悲劇、喜劇、ディテュランボス（悲劇の前身とかれが考えるディオニュソス讃歌）、楽器演奏、舞踊、絵画は、全体として一括すれば「模倣（mîmêsis）」である（Poet. 1, 1447a13-16）。すなわち、これらの多様なジャンルの芸術は多様でありながらも一方で「模倣」であるというまさにその一点において は共通しており、様々な芸術ジャンル（例えば文芸、音楽、絵画、舞踊）は、「何を模倣するか」（模倣対象）「なにによって模倣するか」（模倣媒体）「どのように模倣するか」（模倣様式）という三つの点に関して差別化されたものとして捉えられる（1, 1447a16-18）。例えば悲劇は、（比較的高貴な人の）行為を対象とし、韻律を伴う言葉や合唱・楽器を用い、ドラマ形式で行う模倣であり（e.g. 6, 1449a21-31）、絵画は、（例えば）人物を、形や色を用いて行う模倣である（1, 1447b18-20）。裏を返せば、そうした差異はそれぞれのジャンルを特徴づけるところの差異であって、当の活動が「模倣すること」であることこそ、その活動を芸術活動たらしめる基礎的事態であり、当の作品が「模倣されたもの」であることこそ、その作品を芸術作品たらしめる基礎的事態であるということになる。とすれば、「模倣されたもの」とそれを受容することによって得られる快との関係をめぐる議論は、事柄として言えば、「芸術作品」と鑑賞者がそれを受容することによる「芸術的快」（あるいは思い切って言えば「美的快」）との一般的関係をめぐる議論に連続するものであると理解することができる。或いは少なくとも、美的快（ひいてはそれをもたらす原因たるところの美の所在）についてのアリストテレスの見解を垣間見る一場面と捉えることはできるであろう。確かに、そもそもギリシア語には「芸術」に相当する言葉さえ存在しないことからすれば、近代的な意味での「芸術」「美」「美的快」といった芸術概念・美学概念を当時の言説に持ち込むのは時代錯誤だという見方もあるだろうし、完全な重ね合わせはもちろん不可能であろう。とはいえ、こんにちでいえば「芸術」と一般にみなされているところの営み（文芸、演劇、音楽、絵画、舞踊）が現に事例として列挙され、それらは一括していえば「模倣」である（そしてそれぞれの営みは模倣の媒体と対象と様式に関して差別化される）と明言されている以上、文芸、演劇、音楽、絵画、舞踊等々をまさにそのような一群のものとして一括せしめるところの基礎的事態が「模倣」であるとアリストテレスがみなしていることは確かであろう。[21] とすれば、アリストテレスの議論を芸術作品と美的快の関わりという一般的な問題枠の中で吟味することは有意味であるように思われる。私は以下で、アリストテレスによる当該の議論を分析することを通じ、そうした問題枠について一定の見通しを多少なりとも得ることを目指す。そしてそれと同時に、当該議論においてアリストテレスが自らの主張をわれわれに理解させるための鍵として導入する「醜い動物を描いた絵」の例示の意味と意義を、かれの自然哲学とりわけ動物学理論との照らし合わせによって、できる限りクリアに理解することを試みる。この問題は、アリストテレスにおける芸術論或いは美学の背景にあるとしばしば考えられるところのいわゆる「自然美」の問題とも関わるものである。[22]

3.「模倣されたもの」による快

さて、「模倣されたものによる快」という知見が導入されるのは、『詩学』第４章における詩作の起源論・発展論の端緒においてである。すなわちそこでは、悲劇と喜劇が目下（すなわちアリストテレスにとっての現在）のように成立するに至った歴史的経緯を考察する一連の議論の導入部として、詩作誕生の起源が論じられる（1448b4-24)。そこにおいてアリストテレスは、最も原初的かつ一般的な仕方で議論を開始する。すなわち、今しがた述べられたようにあらゆる芸術ジャンルを芸術として成立せしめる基礎的事態である「模倣」という営み一般を人間のうちに喚起した、つまりは模倣としての芸術制作とその受容という営みを喚起した、人間に本来的に備わる性状の指摘である。最初に指摘される性状は、「模倣することによる快」である（1448b4-8)。すなわちかれは、人間の成長過程という発達科学的な場面に注目し、人間が幼少期において大人の行為を真似ることに快を覚え、それを通じて最初期の学習を開始するという「模倣を通じた学び」という事態に言及している。すなわちそれは、模倣することそのものが人間にとって本性的に快を伴う行為であるということである。この――「学ぶ」という日本語の語源（「まねぶ」→「まなぶ」）が奇しくもその真理性を例証しているところの――洞察は、基本的に、芸術家が芸術活動という能動的営みを行うその一般的起源に関わるものであると言えるだろう。

その一方アリストテレスは、模倣と快の関係についてもう一つの知見を提示している。それが、「模倣されたもの（ta mimêma)」によってもたらされる快、すなわち模倣されたものをわれわれが認識・享受する際に生起する快である。この快は先の快と対比すれば「作品を受容する鑑賞者の側に属する快」であり、つまりはそこでの議論が目下の考察で問題とするところのものである。アリストテレスは次のように述べる。

「すべての人が模倣されたもの（ta mimêma）に喜びを覚える（chairein）〔ということも人間に本来的に備わっている〕。作品について起こることが、その証拠である。すなわち、苦痛を伴ってそれそのものをわれわれが見るところのもの——例えば極めて下劣な動物や動物の死体——でも、それがきわめて正確に描写されているものを見る場合には、われわれは満足を覚える。そのさらなる根拠はこうである。すなわち、学ぶことは、哲学者にとってだけ極めて快い（hêdiston）のではなく他の人々にとっても——ただし少ない程度にそれに与ることができるだけだが——同様である。すなわち、人が描かれたものを見て喜ぶのは、それを観想する（theôrein）ことによって学ぶことが生じ、「これはあれである（houtos ekeinos）」というようにそれぞれのものがなんであるか（ti hekaston）を推論すること（syllogizesthai）が生じるからである。というのも、以前にそれ〔実物の生き物〕を見たことがない場合には、〔描かれたものが〕快をもたらすであろうのは、それが模倣されたものである限りにおいて（hê mimêma）ではなく、仕上げや色彩の故かなにかそういった他の原因故にであるからである」（1448b8-18）

アリストテレスの説明を、「極めて下劣な動物や動物の死体」というかれの挙げる例示に則って、（ヤスデには気の毒だが）「ヤスデを描いた絵」で考えてみよう。ヤスデは、それを見る者或いは触れる者さらには死体が発する臭液を嗅ぐ者の大半に嫌悪感をもたらす動物である。しかしながら、それを巧みに描いた絵を目にした場合われわれは、それを観想（考察）することができ、それによってそれを学習（理解）し、「これがあれである」と推論することができる。そしてこの観想・理解・推論は人間（とりわけ哲学者＝愛知者）に極めて大きな快をもたらす。

そうアリストテレスは主張する。

かれが言いたいのはこういうことであろう。確かに実物のヤスデはそのような嫌悪感を人に引きおこすけれども、当のヤスデが実物から似像に移し替えられることで、実物によってもたらされる苦痛は大幅に軽減される。なぜなら、まずもって実物ではない（本物のヤスデはそこにはいない）がゆえに恐怖感から解放されるわけであるし、生身の身体から紙とインクや絵の具へとその素材が移し替えられることで触覚的かつ嗅覚的な苦痛が捨象され、視覚的な気持ち悪さも画家の技量次第で大幅に軽減されるであろう。すると、その絵を鑑賞する者は、実物を目の当たりにした時の緊張感や嫌悪感（一般化して言えば苦痛）から解放され、ヤスデの形姿や構造を冷静に観想・考察（theôrein）する心の余裕が生じることになる。そしてその考察を進めることで、ヤスデについて、「これがあれである」という判断形式で表わされる「それぞれのものがなんであるか」の知を推論的に獲得することが可能となる。ヤスデについてのこうした理解・知の獲得は、観想的知（理論的知）の享受を最大の喜びとする哲学者のみならず、本性的に知ることを欲する――知ることそのものに喜びを覚える――動物であるところの人間に大きな快をもたらしてくれる。[23]

4.「醜い動物」を描いた絵はなぜ快をもたらしてくれるのか？

さて、ここで問題となるのは、「〈これがあれである（houtos ekeinos）〉という判断形式で表わされる〈それぞれのものがなんであるか（ti hekaston）〉の推論知」とはいかなる内実を有するものであるのかということである。厄介なことに、アリストテレスは代名詞を並べて抽象的に表現するのみで、具体的な中身（それぞれの名辞に例えば何が当てはまるのか）をなにも示していない。とはいえ一つの手がかりがある。それは、『動物部分論』において動物研究の意義を謳った有名な箇所である。アリストテレスはこの著作の序論である第1巻を締めくくるにあたって、動物の研究が天体の研究に劣らぬ価値をもつがゆえに前者の研究も蔑ろにせず積極的に行うべきであるという「動物学の勧め」を説いているのであるが、その際、興味深いことに『詩学』においてと同じ「醜い動物を描いた絵」という事例への言及を伴いながら、次のように語っている。

「動物の本性について、比較的尊いことも尊くないこともできるだけ見過ごしたりせずに語ることが残る課題である。というのも、動物のうちで感覚に関して喜ばしくないもの〔＝それを感覚するのが苦痛をもたらす動物〕においてさえも、研究に即するならば、当の動物を作り上げた自然は、〔当の動物のあり方の〕原因を認識することのできる人々そして本性的に哲学者である人々に、計り知れない喜びをもたらしてくれるからである。というのも、われわれが、〔そうした醜い〕動物を描いた似像を観察する場合、絵画術や彫刻術といった、似像をつくりあげた技術を共にみてとるがゆえに喜びを感じ、その一方で、自然によって構成されたものどもそのものの観察については——その原因を洞察できるにもかかわらず——前者ほどに喜ばないのだとすれば、不合理で不条理であろう。それゆえ、あまり尊くない動物の考察を子供のように嫌がるべきではない。というのも、あらゆる自然本性的なものにはなにか驚嘆すべきものが内在しているからである。〔中略〕すべての動物にはなにか自然的で美しいものが存在するということを根拠にして、恥じらうことなく諸動物のそれぞれの探求へ向け進んでいく必要がある。というのも、自然の産物のうちには、偶然的ではない仕方で〈何かのため〉が存在し、しかも最も優れた仕方で存在するからである。そしてそのためにそれらが構成され生じたところの目的は、美の座（hê tou kalou chôra）を占める。だが、もしだれかが、〔人間とは〕別の動物についての研究は価値がないと考えたとすれば、その人は、自分自身についても〔研究は〕同じ仕方で価値がないと考えなければならない。というのも、かなりの嫌悪感抜きには、そこからヒトという種が構成されているところの血、肉、骨、血管やそうした部分を見ることはできないからである」(P.A. I 5, 645a4-31)

ここで指摘されているのは、約言すれば、動物における「原因としての目的性」(目的因)の実在である。これまでも述べてきたように、アリストテレスは自然学・動物学著作において、様々な生物に関する広範かつ精密な調査研究を下支えとしながら、いわゆる目的論的な生物理解(いわゆる「自然の目的論(natural teleology)」を提示し展開している。すなわちその知見によれば、あらゆる生物(特に動物)は、自らの種的な形相の獲得と存続を目的――しかも原理的レヴェルでの目的つまり目的因(aitia)――として存在・生成しており、そうした究極目的のもとで、動物の部分・器官は、十全な生存に寄与する仕方で本来的かつ固有の機能(ergon)を有している。そしてこの「部分は全体のため」という生物の存在構造は、

(i) 手や眼などの部分(異質部分 anomoiomerê)が当該自然種としての生存のために特定機能を有する
(ii) 異質部分を質料的に構成する血液、骨、肉など(等質部分 homoiomerê)が異質部分(=等質部分にとっての直接の全体)の有する機能の十全な発揮のために存在する
(iii) 等質部分を質料的に構成する一定混合比の元素(stoicheia)が、等質部分(=元素という部分にとっての全体)が持つ特質を実現するための構成要素として存在する

という仕方で、階層的な〈全体―部分〉連関を保持している(P.A. III. esp. 646a35-b27)。そしてこれらの各階層における〈全体―部分〉の対は、アリストテレスの質料形相論の枠組みにおいては、形相とその直近質料という対としても捉えられる。このような目的性の存在が、偶然(例えば適者適存的淘汰)の産物ではなく、目的を原因・根拠(aitia)としてそうした「部分は全体のため(質料は形相のため)」という関係性が実在していると考えるのが、

アリストテレスの基本的立場である。

『動物部分論』の引用箇所におけるアリストテレスの議論が（あくまで本章の文脈に関する限りで）特徴的なのは、第一に、この目的論的存在構造を「美の座を占める」ものと表現していること、そして第二に、そうした目的論的な〈全体（形相）―部分（質料）〉連関の存在を、あえて醜い動物に言及し、しかもそれを巧みに描いた絵を鑑賞した際に得られる快のあり方によって鮮明にしようとしていることである。第一の点は余りにも普遍的な問題であるからひとまず留保しておくとして、第二の点について考えてみたい。『詩学』での説明を念頭に置きつつ再びヤスデの例示によって考えるならば、ヤスデは、視覚・触覚・嗅覚的に不快感を多くの人に喚起するが、画家により巧みに描かれた絵においてはそれらの苦痛な諸属性が捨象あるいは大幅に軽減され、ヤスデについての冷静な考察が可能となる。それにより、ヤスデに内在するところの目的適合的な全体部分連関（形相質料連関）が明るみになる。例えば、実物では見るだけでむず痒さを感じさせるその夥しい歩脚は、冷静な観察を経ることによって、前部と後部によって異なる数が一節ごとに秩序よく生え出ておりスムーズかつ独自の進行スタイルに寄与していることが発見される。そしてひとはそうした原因性の発見に――原因の認識をなしうるところの哲学者であればより一層――無上の喜びを見出すことになる。[24]

さて、ここまでくれば『詩学』の当初の引用箇所そのものもクリアに了解できるであろう。すなわち「醜い動物を描いた絵」の事例の意味を、『動物部分論』における以上の分析を参照しながら考慮するならば、「〈これがあれである〉という判断形式で表わされる〈それぞれのものがなんであるか〉の推論知」とは、対象となる動物に見出される目的論的存在構造の開示を含む知を意味するものであると考えることができる。より具体的にいえばそれは、動物の各部分（質料）について、そのそれぞれがこれこれの仕方で全体（形相）のために寄与している――異質部分は有機体の生存のために、等質部分は異質部分のために、元素は等質部分のために（したがって究極的にはすべてが種的形相のために）存在している――という発見的理解のことである。そして「模倣されたものを受容することにより得られる快」とは、模倣対象そして模倣像に見出される「部分（質料）が全体（形相）のためにある」という存在構造を受容者が認識することで得られる知的快のことであり、そうした快がもたらされる根拠とは、まさに当の有機的・目的論的な構造の存在そのものに他ならない。

ただしこの理解には一つの問題がある。すなわち、1448b17の「これはあれである（houtos ekeinos）」という表現は、文法上男性形によって表わされている。したがって、そこでは「描かれたこの男性はソクラテスだな（よく似ていて見事だ）」といったような言明が具体的な中身として想定されているという考えが可能である。とはいえ、その可能性に対しては次の点を指摘しておきたい。

（a）『詩学』の当該箇所で挙げられているのは人間（ましてや男性の人間）ではなく（文法的性が自然種によって異なる）「動物」である。

（b）「それぞれのものはなんであるか（ti hekaston）」のほうは中性形によって表現されている。

（c）『弁論術』第2巻第1章の快論の中で『詩学』においてと瓜二つの言明がなされる箇所（1371b4-10）では、「学ぶことと驚嘆することは快いから、次のようなことも必然的に快い。すなわち絵画術や彫像術や詩作術〔による作品〕のような模倣されたものや、うまく模倣されている限りのすべてのものは快い。それは、模倣されたものそのもの〔実物〕が快くないとしても、である。というのも、そのさい人は実物を喜ぶのではなく、「これはあれである（touto ekeino）」という推論がなされその結果何かを学ぶことが起こるからである」と言われ、「これはあれである」が（中身に何が入るかに関しては最もニュートラルな表現であるところの）中性形で表わされている。

以上の点を、今分析したところの『動物部分論』645a4-31の主旨に加えて総合的に勘案すれば、1448b7の「これはあれである」(しかもこの節だけ)が男性形であることについて、ことさら強い含意を読み込む(すなわち「一人」の「人間」の「男性」だけに代名詞の中身を限定する)までの必然性はないように思われる。この言明は、現代であれば「XはYである」といった表現にでも置き換え可能な、任意の名辞を挿入可能な記号的命題であると考えてよいであろう。(事実、テクストそのものつまり1448b17のhoutos ekeinosを、『弁論術』第2巻第1章と同様にtouto ekeinoと中性形に訂正しようとする読みも存在する。[25])とすれば、「これはあれである」という言明は、例えば「ヤスデのこれらは歩脚であり、これこれの独自の進行を可能にするものである」、或いは他の動物で考えれば「これはツノであり、防御のためのものである」「これは触手であり、毒を放つための器官である」といった、動物の部分について目的性の開示を含む言明(部分が全体のために存在しているという存在構造を開示する言明)を典型的な内実とするものであると考えてよいであろうと思われる。そして、「お、これはソクラテスの絵だな」というように当の絵が誰を描いたものかに気づいた際に(或いはとてもよく似ていることに感心する際に)一定の快が得られるのはおそらく大半の人々において経験的事実であるにしても、果たしてそれが「哲学者には無上の喜びである」と言われるほどのものなのであろうかという直観的な不可解さについても言い添えておく。

なお、さらに言うならば、『動物部分論』において有機体のそのような目的性が「美の座を占める」という発言をリテラルに受け取るとすれば、自然のうちに見出される当の目的性(全体と部分の間に見出される有機的秩序)は、「美」の内実(の少なくとも主要な一つ)であり、それ(自然美)の認識によってもたらされる快は「美的快」である、という言い方も可能になるであろう。しかし、これは「可能である」という言い方にとどめておく。

5.「技術の自然模倣説」との関連

ところで、このような快を人間にもたらすところのものである「目的論的な存在構造」は、これまでも述べてきたように、アリストテレスにとっては、『動物部分論』や『自然学』において、人間による技術的な世界においてよりも自然的な世界においてこそ、最も端的かつ第一義的に見出されるところのものであった。かれは、自然的事象における目的論的構造の論証をまさに主題とする『自然学』第2巻第8章において、次のような極めて基礎的なテーゼを提示している。

「一般的に技術は、一方自然が成し遂げ得ないことを成し遂げ、他方自然を模倣する」(199a15-17)

ここで提示されているのは有名な「技術の自然模倣説」であるが、アリストテレスはこのテーゼのあとに「従ってもし技術によるものが〈何かのため〉であるなら、自然によるものも明らかにそうである」(199a17f) と続けている。前章で検討したように、かれはこのテーゼが導入される当該章の一連の議論において、技術による制作の営みに見出される目的論的な構造から有機体に見出される目的論的構造を類比的に説明するという方策（テクネーアナロジー）を用いながら自然の目的論の論証を試みている。すなわち、かれは有機体目的論を類比により展開する只中においてこのテーゼを（それ自体は根拠づけを行わず端的な仕方で極めて一般的なテーゼとして）導入することで、そうした類比という方策そのものの有効性を存在論的に根拠づける命題として当のテーゼを提示しているのである。すなわちそこでは、自然的事象と技術的事象は目的論的構造を原理的に共有しているが、ただし当の目的論的構造は自然において本性上「より先」であって技術の側はそれを追随的に共有するという事態が主張されていることになる。自然に見出される目的論的構造についてのこうした優位の表明は、『動物部分論』の序論（第1巻第1章）でも、「「技術の産物においてよりも自然の産物においての方が、より一層「何かのため（to hou heneka)」と「美（to kalon)」が存在する」(II, 639b19-21) という仕方で――ここでも「美」という言葉を伴いながら――明確に提示されている。

ただし、再びヤスデの事例に戻ってみるならば、こうした目的性（事物に内在する有機的な全体部分連関）の存在は、ヤスデのように感覚的なレヴェルで嫌悪感を喚起する生物――要はいわゆる醜い生物――である場合、その生物の知覚に随伴する不快感によって、多くの人々において覆い隠されがちになるであろう。或いは、全体の形姿そのものは不快感を喚起するわけではない生物である場合でも、アリストテレス自身が指摘するように例えば人間の骨や血といった部分は、質料的な面において一定の不快感（気持ち悪さ）を少なからぬ人にもたらし、そのことは当の生物に内在する部分全体構造を考察し把握する上でマイナス要因となるであろう。しかしながら、アリストテレスの挙げるような巧みに描かれた絵であれば、不快感がかなりの程度捨象・軽減され、そのことは当の不快感に覆い隠された目的性を人が十全に考察し捉えることに寄与してくれるであろう。その意味では、絵画における模倣行為は、それが巧みな模倣である場合、『自然学』における模倣テーゼを借用すれば「自然が成し遂げ得ないことを成し遂げ」ている（すなわち自然の「補完」行為を果たしている）のであり、自然に対して技術が持つ一属性を、技術的営みの一環として共有していると言えよう。なお、『自然学』ではこの「補完」という事態についての論が、テクストの性格上あくまで傍証としてではあるが参考となる。[26] そこでは、人間の身体が魂のためにあり知性以外の魂部分が知的部分のために存在する（よって知性を働かせる愛知活動＝哲学こそ人間の生における究極目的である）という哲学賛美を謳いあげる中で、『自然学』と同様の模倣・補完テーゼが導入される。それは、「自然に即したものは何かのために生じ、常に、技術によるものよりもよりよいもののために成立している。というのも、自然が技術を模倣するのではなく技術が自然を模倣するのであり、技術は〔自然を〕補助し、自然のやり残したことを補充するためにあるからである」というものである。ただしここでは「補完」に関する例示的説明が添えられており、例えば一部の植物の種子が状況によっては人間の保護（栽培）によりはじめて十全に発芽・成長し、同様に一部の動物（例えばヒト）においても個体の誕生と成長に一定の技術が必要であると述べられている。これに倣えば、醜い動物の巧みな描写による目的存在構造の理解と快の喚起も、「なまの自然」が成し得ないことを成し遂げている意味で、一定の補完行為を果たしているということができるであろう。

6. 「動物モデル」による芸術美理解と詩作論

そしてもう一つ、『詩学』の問題箇所において見過ごすことができないのは、このような種類の快こそが「模倣されたものによる快」である一方で、仕上げの見事さや彩色の美しさによってもたらされる快は、それとは異質な快であるとアリストテレスが峻別していることである。すなわち、描かれたものが鑑賞者にとって未知の動物であるゆえにその動物の目的論的な全体部分構造をうまく把握できない場合でも、見事に描かれた絵であるならばそれにより一定の快が得られるであろうが、ただしそれは、「仕上げや色彩の故になにかそういった原因ゆえに」もたらされたものであって「模倣されたものである限り（hê mimêma）」の快ではない――そう明言されているのである。そしてこの種類の快をもたらすものは、『動物部分論』では「絵画術や彫刻術といった、似像をつくりあげた技術」と表現され、どちらのテクストにおいても、目的性の認識による快よりも小さな喜びしかもたらさないものとみなされている。こうした大胆な発言がまさに芸術論の場面においても行われていることはある種ショッキングではあるが、それはそうとして少なくとも言えることは、アリストテレスは一方「模倣されたものによる快」を知的な性質の快（知的判断により得られる快）として、他方彩色や仕上げの美しさを感覚的に認識して得られる快を感覚的な次元の快楽として峻別しているということである。それは、質料形相論の枠組みにおいてそれら二つの快を区別するならば、前者を形相的次元における――すなわち事物の存在構造を形相的なレヴェルにおいて把握することで得られる――快、後者を質料的次元における――質料的なレヴェルの美しさによって得られる――快としてそれぞれ表現することができるであろう。

この、いうなれば「動物モデル」的な芸術美理解が、やはりと言うべきか、『詩学』の主題である悲劇論（および叙事詩論）の基本的論調に合致していることは、そこで展開される筋（ミュートス）論を一瞥すれば明らかである。アリストテレスは『詩学』第6章において、悲劇を質的観点から6つの部分（ミュートス／性格／措辞／思想／外観／音楽）に分節した上で、「行為（出来事）の組み合わせ」であるミュートス（筋）を悲劇における最も重要な部分として位置づける。そしてその際、悲劇における筋を動物における魂（psychē）に類比しつつ（1450a38f）――つまりは質料形相論的観点から（魂が動物の形相に相当するのと類比的に）筋を悲劇における形相に相当するものとして定位しつつ――、「諸々の出来事〔の組み合わせ〕である筋は悲劇の目的（telos）であり、目的は全てのものの内で最も重要である」(1450a22-23)と語る。ここで悲劇の「形相」として位置づけられた筋がさらに「目的」と表現されることは、筋が如何なる存在構造を有するかによって当該の悲劇作品の芸術的価値が決まるということを意味する。まずもってこうした知見と言葉遣いそのものが、動物自身の種的形相の獲得・存続を目的とする内在的な目的論の図式をモデル的に想起させるといえよう。そしてさらに、主題としての筋論において、筋はいかなる存在構造を有するのが望ましいのかが論じられる際にも、「動物モデル」が見え隠れする。すなわちそれは、筋の構造自体から内在的に成就されるところの全体的統一性、つまりいわゆる「筋の統一」理論に関してである。筋の全体的統一性とは、筋の「始まり」「中間」「終局」がそれぞれ単に時間上先行もしくは後行するものではなく、それぞれが必然的かつ因果的に連鎖することで全体が一なる筋として統一されていることを意味する（1450b26-34,

1452a18-21)。こうした統一的全体においては、全体を構成する諸部分は常に全体との関係においてそして全体に寄与するものとして位置づけられ（1451a32-34)、全体と有機的に関わらないような「エピソード的部分（単なる挿話的な部分)」は排除されねばならない（1451b33-35)。このような有機的な〈全体―部分〉要請は、全体（個体）に動物各部分の機能が仕え、各機能が全体の形相実現のために集約される、という「部分は全体のため」という図式と合致するものである。そして実際アリストテレスは、叙事詩の筋が悲劇同様全体的統一性を有するべきであると論じる際には、そうした構造を有する筋を「一なる全体としての動物」に喩えさえしている（1459a17-21)。[27]

もちろん、「筋の統一性」という知見そのものは（アイディア自体は誰しも思いつきそうな）ごく一般的なものであろう。ゆえに、「アリストテレスは動物モデルを筋理論に応用している」とまで言ってしまうことは過度に大胆であろうと思われる。とはいえ一方で、同じく「統一」や「全体性」を詩作論において唱えつつも、登場人物の性格の首尾一貫性や、語りの〈順序〉や〈配列〉といった古代弁論術的な観点からそれらを捉えるホラティウスのような統一理論と、アリストテレスの統一性理論が一線を画すのも確かである。[28] 少なくとも言えるのは、アリストテレスが筋に要求する統一性の内実の背景には、動物に見出される目的論的構造というリアリティが存在していたということである。

動物モデルによる作品理解は、さらに踏み込んだ仕方でも『詩学』のうちに見出すことができる。アリストテレスは、悲劇において筋が最も重要な悲劇の部分であることを上述のように主張したのちに第7章以降で主題としての筋論（望ましい筋のあり方についての議論）を詳細に展開しているが、その中で、筋の望ましい大きさ（規模）について自らの主張を提示している。この箇所の主題は「悲劇の筋」という個別的なものでありながら、アリストテレスの語り方そのものは次のようにとても一般的である。

「動物であれ、なんらかのものどもから構成されたどんな事物であれ〔＝諸部分から構成された一なる全体として存在している限りのあらゆるものにおいて〕、美しいものは、秩序づけられたそれら〔諸部分〕をもつだけでなく、任意ではない大きさがそこになければならない。というのも、美は大きさと秩序のうちにあるからである。それゆえ、あまりに小さい動物は美しいものとはなりえないし（というのも、観察がほとんど感覚不可能な時間内に生じるため、混乱したものとなってしまうから）、例えば1万スタディオン[29]の動物がいたとすればそのようなあまりに大きな動物も然りである（というのも、観察が一挙には生じ得ず、観察者において一性と全体性が観察から取り去られてしまうから）。したがって、〔人間の〕身体においても動物においても一挙に見ることができる大きさを持つ必要があるのと同様に、筋においても、うまく記憶されうる長さが必要である。〔中略〕事柄の本性そのものに即した意味での大きさの限界とは、〔知覚が〕明瞭である範囲内で大きければ大きいほど、大きさに関しては美しい。端的に規定して言えば、真実らしさ或いは必然性に即して〔出来事が〕連続的に生じ、不運から幸運へあるいは幸運から不運へと変転する、そういう限りの大きさのうちに、大きさの十全な限界はある」（7, 1450b33-51a8）

「美は大きさと秩序のうちにある」という有名な言葉は、それ自体が一人歩きすれば「大きいことは美しい」といったような短絡的なテーゼとして捉えられかねないが、議論の文脈を無視したそのような通俗的理解は脇に置くとして、ここでは、筋が有機的な全体部分連関を保持しているだけではなく、そうした存在構造を鑑賞者が十全に認識できるだけの大きさ（長さ）であることが要請されている。筋の長さは、仮に部分が全体に寄与していたとしても、そもそも各部分を部分として認識できないほどに短いものであってもならないし、逆に、全体を「一なる全体」として把握することが不可能なほどに長々しいものであってもならない。それらはそれぞれ、いかなる部分から全体が構成されているのか知覚できないほど極小な動物（例えばミジンコのような動物）と、一目で全体を見渡すことのできない（つまり視野に収まらない）ほどに巨大な仮想動物に喩えられている。かくして芸術作品の美しさは、それがどのような秩序を有し、その規模がどのようなものであるか（悲劇の場合は、例えば、当の秩序を十全に捉えられるだけの規模であるかどうか）という観点から判定されることになる。ただし悲劇においては、最終的に不幸な結末に陥る主人公とその事態に関して観客に恐れ（phobos）と憐れみ（eleos）を喚起しカタルシスを成就させるという悲劇固有の機能(1449b27-28)を効果的に成就せしめるために、「逆転(peripeteia)」と「認知(anagnôlysis)」という二つの仕掛けの使用ができるかぎり望まれるという事情があるため、統一性を損ねない範囲でそれらを組み込めるだけの複合的かつ大規模な筋が理想とされている（e.g. 10, 1452a11-21, 13, 1452b30-33）。ただし、というかだからこそ、「大きい」ことそのものが美しさの所在とされているわけではないことは注意すべきである。ともあれ動物モデルとアリストテレスの筋論の関わりをめぐって興味深いのは、動物モデルが筋の統一理論そのものにリアリティを提供しているだけでなく、「動物との類比」という仕方で、筋論を展開するその議論様式についても方法論的な意味での着想を提供しているということである。

7. おわりに——目的論と知的快

さて、一連の議論を振り返れば次のことが言えるであろう。アリストテレスは「模倣されたもの」としての芸術作品一般の受容によって得られる快を、なんであれ存在者が「部分は全体のため」という目的論的な存在構造を保持していることを把握することによって得られるものとして定位している。それは裏を返せば、芸術作品はそうした快をもたらすに足るだけの全体部分構造を少なくとも有していなければならないということであり、別様の言い方をすれば、こうした構造の保持とその受容による快の生起は、いかなるジャンルの芸術作品であれ当の作品が芸術作品たり得るためにアリストテレスが設定した、制作者に対する最低限の要請である。もちろん、芸術作品はそのジャンルごとに固有の快とその快をもたらす根拠の内在が想定されるであろうし、それは現に悲劇においては「恐れと憐れみの惹起を通じたカタルシスの成就」という仕方で悲劇固有の機能がアリストテレスによって提示されている。これとの関わりにおいて言うならば、アリストテレスが模倣としての芸術作品に求める有機的存在構造の要請は、ジャンルごとの固有の快・機能が実現される際の、その実現のなされ方に関する最低限の制約として捉えることができよう。[30]

ところで存在者に備わる目的論的な構造は、人工品よりも生物においてとりわけ本来的な仕方で見出される（「技術は自然を模倣する」）ものであったが、醜い動物を巧みに描いた絵画がそうであるように、技術はなまの自然がなしえぬことを成し遂げる局面も保持している。作品受容における作品の目的論的構造の認識は、部分全体連関（質料形相連関）の把握という本来的に知的な営みであり、知ることそしてとりわけ知的に理解することに自体的な喜びを覚えるという特徴を本性的に備える動物である人間は、そうした認識によって必然的に快を覚える。またそうした快は、知的認識に随伴する快であり「知的な快」であると表現することができる。アリストテレスは『詩学』と『動物部分論』のどちらにおいても、巧みに描かれた絵画を観ることにより得られる快について、敢えて「醜い動物」（感性的なレヴェルにおいては美しくない存在者）をモデルケースとして説明していることの意味は些細ではない。すなわちそれによってアリストテレスは、模倣されたものとしての芸術によって本来的に得られるところの快が、感性的次元の快ではなく、対象に内在する「各部分が全体のためにある」という目的論的存在構造を知的に把握することに随伴する、知的レヴェルの快であることを効果的に示してみせているのである。

第二部　魂

さて、これまでの議論では、アリストテレスが展開する「自然の目的論（natural teleology）」の基本的内実と意義を、自然哲学・動物学著作における当該議論の分析を通じて考察し、なおかつ、かれの目的論的自然観を基礎とする自然美理解が、自身の芸術理解に一定の基礎づけ的な影響を及ぼしていることを、『詩学』の分析を通じて確認してきた。そこで明らかになったことの一つが、かれの展開する自然の目的論とは生物の目的論（有機体目的論）であり、生物（特に動物）の存在・生成構造の解明こそがかれの自然哲学的論述の主要な関心事であるということであった。では、その生物をまさに生物たらしめているところのものとはなにか。それは、生命原理としての「魂（psychê）」である。すなわち、当の存在者において魂が現在しているという事態は、生物（生命を有する存在者）と無生物（生命を有さない存在者）を分けるメルクマールとなるものであり、当の存在者が目的論的性格を備える上でもその事態は決定的な意味を有しているはずだということである。（植物を含む）すべての生物が生命原理として保持するものとしての「魂」という知見は、意識を核とし人間だけが保持するものとしてのデカルト流の「心（mind）」とも、無生物を含む全存在者を司る存在・生成原理としてのプレソクラテック的な「気息（pneuma）」とも一線を画するものであるが、この魂という原理をテーマとして、アリストテレスは『デ・アニマ（peri psychês 魂について）』で詳細な議論を展開している。『デ・アニマ』は魂を主題的に論じた西洋哲学史上最初の書であるが、そこでの一連の議論は控えめに言って極めて難解であり、諸々の議論のそれぞれの場面において哲学史上かつこんにちのアリストテレス研究上の論争を引きおこしてきた。とはいえ、そのような厄介な状況においても、本書との関わりにおいて言える一つのことは、アリストテレスの魂論においても目的論的な知見が一連の論考において中心的な役割を果たしているということである。アリストテレスの魂論において目的論的知見は、「エルゴン（ergon 機能・はたらき）」という概念の形をとって、しかも「魂の一般的定義」という、一連の議論の最も中核をなす場面において登場する。そこでのアリストテレスの議論は、魂と身体との関係の解明を主要な課題とし、なおかつその解明を「機能」という知見を用いながら遂行するものであるがゆえに、そこでの議論の内実と意義を精査し明確化することは、テクストの論述内容の確定という基礎的問題にとってのみならず、現代の心の哲学あるいは心身論との関連を考える上でも必須の作業となるものである。かくして以下では、本書の第二部として、魂の定義をめぐるアリストテレスの一連の議論を精査し、その内実と意義について、解釈上の問題の提示とその解決、および今述べた現代的な意義への言及を伴う仕方での明確化を試みる。まずは次章で、魂を一般的に定義するアリストテレスの議論の道程を慎重に辿り、議論構造を正確に把握する作業を行いたい。

第4章　『デ・アニマ』における魂の定義

1.　はじめに――魂の定義と心身問題

魂（psyché）を主題的かつ体系的に論じた西洋哲学史上最初の書であるアリストテレスの『デ・アニマ』（peri psychês）は、魂についての先人の見解の整理と批判にはじまり、魂を生物の生命原理と捉える自然学的視点を基本としつつ、魂に関わる諸問題を体系的かつ分類的に幅広く論じたものである。そしてこの著作がその主題からしてもまた執筆年代に関しても自然学（特に生物学）諸著作の一つのクライマックスを成すことは、一般的に了解されている。そしてとりわけ第2巻における一連の論考は、魂の定義にはじまり動植物における魂の働きや対象の詳述を含む点で、理性や共通感覚について論じる（受容史においても重要かつ厄介な課題を内包した）第3巻と並んで、この著作の核を成すものである。

この第2巻の中で、一連の議論の端緒にして中心を成しなおかつ従来から研究者によりその意義がしばしば議論されるところのもの、それが、第2巻第1章で提示される魂の定義である。それらの議論はいずれも、質料・可能態としての身体に対する形相・完成態として魂を定義するかれの立場を如何なる仕方で理解すべきか、ということに関わっている。特に近年「心の哲学」という現代的問題関心の中で、アリストテレスによる心身の特徴づけが単なる二元論とも還元主義とも異なる独自の立場をとり新たな知見を提示し得るものとしてしばしば注目されつつも[31]、一方では現代的議論の中にかれの立場を置くことの限界を指摘する論者も存在する。[32] こうした論争の中で近年一つの焦点となるのが、アリストテレスの身体理解とそれに依拠した心身論が、果たして現代的文脈と同列に論じるに値するのかという問である。そしてこの問との関連で解釈上しばしば問題とされるのが、生きていない身体は厳密には身体とは呼べないという「同名異義原理」と呼ばれるアリストテレスの主張（e.g. De An. II1, 412b20-22）と、身体を「可能態」として特徴づける魂の定義との整合性をめぐる難問である。即ち、身体は一方では常に「現実に生きている」ものとしてのみ捉えられるとされながらも他方では「可能態」として位置づけられる、という独特な身体観に関し、解釈上何らかの整合的な理解が求められる。そしてこの難問からの一帰結として、アリストテレスの身体概念の異質さと現代的議論との断絶を見る解釈が生じることになる。[33] 本章では、この難問に一定の知見を提示することを解釈論争上の寄与としてめざしつつ、事柄そのものとしては、それを通じて、かれによる魂の定義の内実、特にそこで語られる心身関係と身体理解の内実を明確化すること、そしてそれによって現代的文脈との連続性或いは独自性を考えるための基盤整備を行うことを狙いとする。以下ではまず、第2巻第1章における魂の定義について、それにいたる推論を含む一連の議論を分析し、その内実について、特にそこでの身体（物体）概念が如何に捉えられているかに注目しつつ検討を進める。そこではまず最初に、第2巻第1章のテクスト分析という基礎的作業が幾分長きにわたって行われるが、当該テクストが安易な内実理解を阻む難解さを有する故の不可避的作業であることをここで断っておきたい。そしてその後に、同名異義原理の確認と定義との関連づけにより、諸解釈を整理しつつアポリアに関する一定の解決を試みる。本章の最後に、現代の心の哲学との関連において、ひとまず一定の見通しを示したい。

2. 魂の定義にいたる道程

まず最初に、第2巻第1章における魂の定義の導出にいたる一連の議論を確認しておく。アリストテレスはまず、「魂の最も共通な説明言表は何か」(412a5-6) という一般的問を提示した上で、一連の議論の最初に、存在諸範疇の一つである「実体」の三つのあり方（意味）として、(1) 質料・可能態 (dynamis)、(2) 形相・完成態 (entelecheia)、(3) 質料と形相の結合体というお馴染みの三区分を、やや唐突な仕方で端的に――その内実は基本的に了解済みのものとして――提示する (412a6-10)。そしてこの区分に関する付加事項として、「完成態」には二様式があることを、アナロジカルに、即ち (α) 知識の所有状態に比せられる完成態と (β) 知識を用いた考察（知識の実際の行使）に比せられるそれがあることを注記する (412a10-11)。

その上でかれは、通常優れて実体であると見なされるものとして「自然的物体 (physikon sôma)」を挙げ、それを残余の諸物体の「原理 (archê)」であるとする (412a11-13)。そしてこの「自然的物体」に関しても分類的に (a) 生命（自らによる栄養摂取や生長・消滅）に与る自然的物体と (b) 生命に与らない自然的物体に区分した上で、(a) に分類される自然的物体を、実体の三区分のうち、結合体としての実体（即ち右の (3) の意味での実体）に位置づける (412a13-16)。そして次に、被定義項である「魂」概念をここで初めて導入しつつ、(a) に分類される自然的物体は「生命を有する」という一定の性格を有する物体であることを根拠に、魂は「物体」ではないとし、一方「物体」は「質料」にして「基体」である――即ち構文的には「これこれの物体が魂をもつ」とは表現されてもその逆はなく、魂は常に基体・主語の属性・述語に位置する――ことを主張する (412a16-19)。

以上の諸命題を前提として、アリストテレスは暫定的に次のような定義を下す。

「魂とは、可能態において生命を有する自然的物体の形相としての実体のことである」（412a19-21　これを定義1とする）

ただしこの定義1はあくまで暫定的なものである。かれはこの定義1に、二つのテーゼ、即ち先の諸前提により「〔形相としての〕実体は完成態である」（412a21）こと[34]、および、生物には覚醒も睡眠も属する――即ち、生物は睡眠中でも生き続けて（有魂であり続けて）いる――ので、魂は先の分類の内、知識の所有状態に比せられる意味での完成態であること（412a22-27）、を付け加える。そしてこれらの帰結として、次のように定義1を換言する。

「魂とは、可能態において生命を有する自然的物体の、第一の〔即ち知識の所有状態に比せられる意味での〕完成態である」（412a27-28　これを定義2とする）

しかしアリストテレスはまだこれで定義作業を終えてはいない。さらにアリストテレスは、定義1と定義2で言われた「可能態において生命を有する自然的物体」はすべて organikon（字義通り訳せば「道具的」）である（例えば植物の葉は鞘の覆いとしてそして鞘は果実の覆いとして機能する）ことを指摘し（412a28-b4）、このテーゼと定義2からの帰結として、次のような定義を下す。

「魂とは、道具的な自然的物体の、第一の完成態である」（412b5-6　これを定義3とする）

そしてようやくこの定義3で定義の導出作業が終えられ、少し後で「さて以上で、魂とは何であるかが一般的に語られた」（412b10）と締めくくられる。

3.　議論構造と主要概念の分析

以上が、テクストに記された一連の議論をできる限り予断抜きに確認・要約したものである。しかし以上の議論は極めて簡潔で非解説的であり、その故に平易な解釈作業を阻むものとなっている。即ちそこでかれは自身の哲学的思索の柱を成すお馴染みの概念装置である、「自然（的）」、「実体」、「形相」と「質料」、「完成態（現実態）」と「可能態」といったタームを、既にその内実が了解済みのものとして導入しつつ分類的に議論を進めている。またこの議論のキーとなるであろう「自然的物体」や「道具的」といった表現についての詳説を欠くことも、議論の難解さを助長している。しかし、これらは必ずしも奇異なわけではない。というのも一連の議論は、一般に考えられている『デ・アニマ』のクロノロジー（即ち執筆年代を円熟期とする共通理解）を考慮すれば、かれの自然哲学と実体論における基本的教説を踏まえて展開されていると見るのは不自然でないからである。そこでこうした事情を鑑み以下ではまず、一連の議論の内実を明確化し性格を際立たせるため、議論構造を定式的・図式的に再構築しつつ分析したい。そしてその際、理解を補う主要テクストとして、『形而上学』における関連議論、およびかれの自然哲学の中心的論考である『自然学』第2巻などを参照する。特に『自然学』第2巻の一連の議論は、その自然哲学原論的な性格からして、[35] また執筆年代を比較的初期のものとする一定の共通理解からしても、議論分析の助けとなり得る極めて有力なテクストであると言える。

まず、一連の議論を可能な限り定式化すれば以下のようになろう。

提題：「魂のもっとも共通な説明言表〔定義〕は何か？」

〈前提A〉（「実体（ousia）」の区分）
実体：（O1）質料・可能態
（O2）形相・完成態
（O3）O1とO2の結合体

〈前提B〉（「完成態（entelecheia）」の区分）
完成態：（E1）知識［の所有状態］（epistêmê）に比されるそれ
（E2）知識を実際に働かせて考察していること（theôrein）に比せられるそれ

〈前提C〉（「物体（sôma）」の区分）
「物体」＝「実体」「質料」「基体」
（S1）「自然的（physikon）」物体（＝S2の「原理（archê）」）
（PS1）「生命（＝自らによる栄養摂取や生長、消滅）に与る（metechein）自然的物体」即ち「生命を有する（echein）自然的物体」（生物）＝結合実体（O3）
（PS2）生命に与らない自然的物体（無生物）
（S2）その他の物体

〈前提Cからの結論（C'）〉
魂≠物体
〈前提A、C、C'からの結論〉
定義1：ψ=可能態において生命を有する自然的物体の形相としての実体
〈追加前提（前提D）〉
ψ=E1
〈定義1および前提Dからの結論〉
定義2：ψ=可能態において生命を有する自然的物体の、E1としての完成態
〈追加前提2（前提E）〉
「可能態において生命を有する自然的物体」=道具的（organikon）
〈定義2および前提Eからの結論〉
定義3：ψ=道具的な自然的物体の、E1としての完成態

さて、定義1にいたるプロセスの中でまず注目されるのは、その中で魂概念が明示的に導入されるのは一箇所のみであること、そしてそれにも拘らず定義1では魂が被定義項に据えられその内実が諸前提から成立するとされることである。これらを整合的に理解するには如何に考えるべきか。まず、前提の中で言われる「生命を有する自然的物体」（PS1）とは、魂が内在する存在者即ち「生物」を意味することは基本的了解事項として、それに加え次の二点、即ち

（1）前提Cからの帰結として「魂は物体でない（ψ≠S）」とされ、しかも前提Cで「物体」は「質料」（即ち

前提AにおけるO1）とされる（S＝O1）

こと、そして

（2）前提Cによれば「生命を有する自然的物体」（生物、即ち魂が内在する存在者）は結合実体（即ちO3）である（PS1＝O3）

ことが前提から了解される。とすればこれらから総合的に判断すれば、この推論では、「結合実体（O3）であるのは自明の通り個々の生物であり、しかも質料的実体（O1）であるのは物体（有機体においては身体）であるから、魂は残るO2に他ならない」という語られ方をしていることが解る。即ちアリストテレスは一連の推論でまず、「魂は何らかの意味での実体である」ことを暗黙の大前提として設定した上で、それは果たして如何なる意味での実体なのか（即ちO1～O3のいずれに相当するのか）を問い、O1でもO2でもないが故にO2であるという手順で定義1を導いていると思われる。そしてその上で、二つの追加前提（前提E、D）を順次追加することによって定義1を定義2に、定義2を定義3に段階的に換言し、推論が閉じられるという構造が見出される。

さて、推論構造は以上のように整理されるとして、次に諸前提で提示される各概念と区分の内実を探りたい。確かに、前提Aにおける実体の三区分は少なくともかれの存在論においてお馴染みであるし、前提BとDでなされる完成態の区分は、かれの示す通り少なくとも類比的或いは事例的に理解可能であろう。だが、（1）前提Cで詳述抜きに提示される「物体」（特に「自然的物体」）の内実そしてS1とS2、PS1とPS2の区別の意味、および（2）前提Eで「可能態において生命を有する自然的物体」が「道具的（organikon）」と表現されることの意味は、その確定が必要だと思われる。

まず、前提Cで言われる「自然的物体」（S1）が何を意味するのかという問には、それが「その他の物体」（S2）

と区別されること、およびS1がS2の「原理」とされることが手がかりとなろう。即ち、非自然的事象特に技術に関する事象との異同を示しつつ自然的事象の内実を明るみにする、という策は、アリストテレスの自然哲学においてお馴染みの方法だからである。そしてそこから判断すればS2は主に技術品を典型とすると思われる。とすれば、ここで確認しておくのが有益だと思われるのは、この種の考察方法を駆使する論考の代表と言える『自然学』第2巻第1章の一連の議論である。というのもそこでの議論は、こうした考察方法が採られるのみならずまさに「自然とは何か」が一般的に規定される場でもあるからであり、よってその議論分析は難解な前提Cの理解の補完物となることが期待される。

『自然学』第2巻第1章においてかれはまず、諸存在を「自然によるもの」と「その他の原理によるもの」に区分し、「自然によるもの」として（1）動植物およびその諸部分と（2）四元素を認めた上で、「自然」をそれらの生成の自体的内在原理として一般的に規定する（192b8-23）。そこでの一連の議論のうち、先の前提Cと関連する事柄が二点見出される。即ちそれはまず、（A）かれは「その他の原理によるもの」の典型として（3）技術品を想定しつつ――即ち「その他の原理」として技術を典型例として――両者を比較検討していることである。そしてもう一点は、（B）「自然によるもの」としてかれが認める（1）（2）の区別（192b9-11）をめぐるものである。

まず（A）を検討する。そこでは、「自然によるもの」と「技術によるもの」を区別する決定的な点は何かがまず問われよう。それは、（1）と（2）においては自然の規定にもあるように変化の原理が当のものに内在している一方、（3）においては原理が外在的であることにある。かれは、「自然によるもの」には自らのうちに変化の生来的（emphyton）な衝動（hormê）が備わっているとする（192b16-20）。ここでいわれる「衝動」とは、例えば火においては上昇性、土においては固形性や下降性といった、元素自身のもつ自然本性的な傾向性を指す。「自然によるもの」として挙げられた（2）の四元素は、（1）即ち動植物およびその諸部分においても、その質料としての基本的構成要素となるものである。というのも生物にとってはそれを構成する身体全体がその質料的側面であり、身体全体にとっては「異質部分」（手足や内臓などの器官）が、異質部分にとっては「等質部分」（血液や筋肉、骨など）が、等質部分にとっては四元素が、それぞれ質料的側面だからである（G.A. II, 715a9-11）。つまりあらゆる「自然によるもの」は、それが質料として分析される限りは、熱冷乾湿という本性を有し一定の混合配置から成るところの一定の諸元素としてあり、それらの生来的な傾向性そして物理化学的相互作用により運動するとされることが解る。これに対しかれは、(3)の技術品には生来的衝動が備わっていないとする。もちろんベッドやコートなどの技術品も諸元素の一定の混合配置から成るものだが、当の混合配置は、睡眠や防寒といった一定の目的のために制作者（当該技術を形相的原理として所有する者）により外的に賦与されたものである。よって、ベッドはベッドとしては（即ち睡眠という目的をもつ技術品としては）変化の衝動を生来的に有さず「自然によるもの」でないとされる（196b16-19）。というのも、睡眠のための制作物をわれわれは「ベッド」と呼び、それがベッドの本質にして形相だからである。とはいえ、技術品もその形相的側面を剥ぎとって観察される限り、即ちその質料的側面のみが観察される限りは、当然一定の材料から成るものであり、そしてその材料の質料的分析を進めれば究極的には諸元素の一定の混合比から成る。つまり技術品も、形相的側面が捨象され一定の諸元素の混合配置である限りにおいては、諸元素の衝動を生来的に有すると言い得る（196b19-20）。

さて、以上を踏まえここで『デ・アニマ』の前提Cに立ち返れば次のことが了解されよう。まず、「自然的物体」（S1）と「その他の物体」（S2）の区分は、『自然学』における以上の区分と連続的に理解されるということである。即ちS1とS2の基本的差異は、変化の原理の内在性と外在性という違いに存し、いずれも質料的に分析すれば一定の元素を基本的構成要素とするものの、S2の場合その元素配置は当該技術（形相）の所持者により外的に賦与されたものである。とはいえS2の技術品もその形相的側面を捨象し質料的側面を要素還元的に特定する限りは、一定の生来的衝動を有する諸元素から成り、その意味では、S2も（それが一定の諸元素から構成されている限りにおいて）S1であると言い得る。S1がS2の「原理」であるという表現については、極めて一般的であり多様な含意をもち得ようが、[36]少なくともその含意内容の一つの柱としては、S1の質料的側面の基本である元素の生来的原理があらゆる「物体」に浸透しているという事態が踏まえられていると思われる。

さて次に再び『自然学』に目をやり、前提Cと関連するとして予示したもう一点（B）を以下に示したい。既に示した通り、アリストテレスが「自然」を「自然によるもの」の変化の自体的内在原理として規定する際、かれが「自然によるもの」として認めるのは、（1）動植物およびその諸部分と（2）四元素であった（192b9-11）。これら（1）と（2）の区別は、一連の議論のもう一つの核心的主張である、「形相としての自然」と「質料としての自然」という自然の分節に連続している。即ち、一方形相的自然は、自然によるものの「型式（morphê）」であり本質を表わす説明言表である――そして『デ・アニマ』においてはまさに魂に相当する――ところの自然であり、他方質料的自然は、自然によるものに常に基体（hypokeimenon）として内在し四元素を究極的構成要素とするところの自然である（193a28-31）。とすればここで注目すべきは、かれの挙げる「自然によるもの」が（1）と（2）のみであるということは、それ以外の無生物や自然現象が「自然による」のはそれらが一定の混合比の元素からなる――即ち質料的自然がそこに内在する――限りにおいてであることを意味する、ということである。とすれば結局のところ形相的自然を有するのは、（1）のみ、即ち『デ・アニマ』に則せば身体という質料に対する魂という形相がそこに内在する限りの存在のみであることになる。もちろん、かれの立場によれば個物は質料と形相の結合実体としてのみ存在するのであるから、無生物も一定の形相を有してはいるけれども、それは少なくとも「自然として」の形相とは異なる形相であるということになる。

以上を踏まえつつ再び前提Cに目をやるとき看取されるのは、「自然的物体」のさらなる区分、即ちPS１（「生命に与る（生命を有する）自然的物体」即ち生物）とPS２（「生命に与らない自然的物体」即ち無生物）との区分の意味である。即ち、これらの区別は『自然学』における「自然によるもの」の（1）と（2）の区別、そして形相的自然と質料的自然という分節に連続すると思われる。というのも、一方形相的自然が生物にのみ見出され、他方質料的自然が元素を基礎とし、しかも無生物は質料的自然を有する限りにおいてのみ「自然による」とすれば、PS１は形相的自然と質料的自然の両方を有する存在として、そしてPS２は質料的自然のみを有する存在として特徴づけられ得よう。ところでPS１とPS２は共に「自然的物体」であり、両者の差異はまさに「生命を有する」か「有さない」かに存するのであった。とすれば、「形相的自然を有すること」は「自然的物体である」点に存することになろう。そして、「魂が内在する」点に存し、一方「質料的自然を有すること」は「自然的物体である」点に存することになろう。S1とS2の区分の背景には自然的事象と技術的事象の差異があり、しかも「自然による」という特徴づけの基本的視座が四元素の生来的衝動にあることを先に確認した。そして前提Cでは、「生命を有する自然的物体」が質料と形相の結合実体であること、魂は物体（質料・基体）でないことが示されている。すると、以上の諸点を総合しつつ「質料」「形相」「結合体」という実体の三区分に当てはめて定式化すれば、前提Cで語られる「生物」は次のように分析されよう。

質料と形相の結合実体＝「生命を有する／自然的物体」＝生物
生物の質料的側面＝「自然的物体」であること（質料的自然を有すること）
生物の形相的側面＝「生命を有する」即ち「魂が内在している」こと（形相的自然を有すること）

生物が以上のように分節されるとしてその際注目されるのは、この分節においては「自然的物体」が生物の「質料」として捉えられるということである。質料と形相はアリストテレスの思索の様々な場面で駆使される概念装置であり、先述のように有機的事象においてもそれらは基本的には〈魂―身体全体―異質部分―等質部分―四元素〉という仕方で階層的かつ相関的に語られる。だが、「自然的物体」という表現はこれまで見てきたように、熱冷乾湿という本性を備えた四元素の物理化学的作用をその究極的基礎とする「質料としての自然」の内在を意味するものであった。とすれば、生物の質料的側面（即ち心身問題の文脈で言えば「身体」の側）は、少なくとも「自然的物体である」という特徴づけにより表わされた場合には、元素の作用を基礎とする純粋に物理的な事柄として、形相的自然への言及抜きに語り得るものであると思われる。実のところそもそもアリストテレスは、質料的原理を自然的生成において過小評価してはいない。確かにかれの自然観は基本的に目的論的であり、実際動物学著作において、各動物の生態、発生様式、各部分の特徴などの解明に、種的形相の存続と機能という概念を核とする目的論的説明を駆使している。即ちそこでの目的論的説明は、部分（器官）が当該生物の生存のため生成し一定の機能を有するというものであり、結局一連の目的性は当該生物の種的な形相の獲得と存続に収斂される。つまりその基本的特徴は「形相が目的」（Phy. II8, 199a30-32）となることにある。しかし興味深いのは、本書第1章でも指摘したように、こうした機能的説明を駆使しながらもなおかれは、熱冷乾湿という特性を有した四元素の物理化学的相互作用により当該部分の生成が「必然的に」もたらされたという主旨の物理的説明も同時に行っているということである。例えば、鳥の嘴と蹴爪はそれぞれ食物摂取と防御機能を担う一方で、それらは体内を循環する土質が嘴は上方へ蹴爪は下方へ蓄積されるという仕方で「発生の過程で必然的に（ex anankês）」生じた、と説明される（P.A. IV12, 693a10-694a27）。また、胎生動物における胎膜は、胚子を周囲の流動体から保護する機能を担う一方で、形成途上の胚子の流動性部分が精子の熱により必然的に固体化したものでもあるとされる（G.A. II4, 739b20-33）。『自然学』ではこの意味での「必然性」は、「一定の特性を有するこれこれの混合比の諸元素がプロセスの先行条件にあれば必然的にこれなる終点が帰結する」という様式として提示され、事象を純粋に質料的側面において捉える限りで認められるものと見なされている（Phy. II8, 198b12-14, II9, 200a5-10）[37]。

以上を念頭に置くとき、即ち、前提Cにおける、『デ・アニマ』におけるアリストテレスの身体理解に関して次の点が見出されると思われる。即ち、前提Cにおける、「生命を有する・魂が内在する」という形相的側面と「自然的物体である」という質料的側面への生物の分節、および「自然的物体」という表現の存する視点を考慮するとき、アリストテレスの身体概念は、少なくともそうした分節の場面においては純粋に物理的な「物質」として――即ち近代以降心身論が論じられる文脈で「身体＝物質」として理解される仕方と連続的に――捉えられ得る、ということである。かれの身体理解は後に示すようにさらなる場面を有することは一旦脇に置くとして、少なくとも、かれの身体理解は端的に「既に意識を懐胎している」と言われたり、現代的な心身問題をめぐる議論への参与を直ちに阻んだりするようなものでないことは確かであろう。そして、こうした身体＝質料理解に立つときには、生物＝結合体の存在は、形相的原理への言及抜きに、元素の作用によるものとして純粋に物理化学的な仕方で――ボトムアップ的に――特徴づけられ記述され得ると考えられる。当時の元素理論は極めて単純で近代的自然科学とは隔世のものだとしても、事象の記述に関するその基本的態度は連続線上にあると解すること自体は誤りでないであろう。

さて、ようやく魂の定義そのものに目をやりそこでの身体概念を検討したい。定義にいたる道行きは、魂はひとまず実体であるとして果たしてそれは三義の実体（前提AのO1～O3）の内いずれに相当するのかという問のもと、質料的実体（O1）でも結合実体（O3）でもないとすれば形相的実体（O2）に他ならない、というものだった。そして辿り着いたのが〈魂＝形相＝E1（知識の所有状態に比せられる意味での完成態）〉という同定（定義1、定義2）であった。

定義1：ψ＝可能態において生命を有する自然的物体の、形相としての実体
定義2：ψ＝可能態において生命を有する自然的物体の、E1としての完成態

双子的関係にある両定義において、魂が「形相的実体」にして「(E1の意味での) 完成態」だとされること自体は、これまで確認した推論の道行きからすれば当然である。むしろ定義項において注意されるべきは、〈魂＝形相・完成態〉という等式と対になるものとして示された「可能態において生命を有する自然的物体」という表現である。即ち、この定式と前提Aにおける〈O1：質料＝可能態〉という定式から純粋に判断する限り、〈魂＝形相・完成態〉の対は当然〈身体＝質料・可能態〉という定式であると考えられ、しかも事実そうした定式が後に示されている(II2, 414a14-19, cf. II1, 413a2-3)。よって定義1と定義2においては、被定義項である「魂」に直接対応する「身体」(即ち形相の対となる質料) は、「可能態において生命を有する」自然的物体として特徴づけられ、しかもそうした特徴づけが必要とされることが解る。ここで注目すべきは、このように魂を定義する段階においては、身体概念は、先に示した前提Cにおいて「自然的物体」が語られる際に見出されたのとは基本的に異なる視点において語られているということである。それが如何なる視点かは、定義2に続き提示される追加前提Eおよび最終的帰結としての定義3 (ψ＝道具的な自然的物体の、E1としての完成態) において導入される「道具的 (organikon)」と呼ばれる表現によって了解されよう。即ち、魂の対となる身体として位置づけられる「可能態において生命を有する自然的物体」は、前提Eでは「道具的」であると表現され定義3では「道具的な自然的物体」と換言されることからして、〈可能的に生命を有すること＝道具的であること〉という同定が成り立つはずである。とすれば結局、「道具的」と特徴づけられた身体のあり方を探ることで、定義1〜3において身体概念が語られる際の視点が見出され得るであ

ろう。確かに単純な仕方では、organikon というギリシア語は英語の「有機的（organic）」に対応するのだから「有機的身体」がそこで意味されているのだという（本末転倒気味の）遡行的理解も可能だが、organon は本来「道具」を意味し organikon は「道具（organon）・的（-ikon）」である（即ち道具としてある）ことを意味するものである。即ち「自然的物体」が organikon であるとは、一種の類比的特徴づけに他ならず、よってその内実理解のためには現代的バイアス抜きに原義に則して検討することが適切であると思われる。

一般的には「道具」とは言うまでもなく、制作上の一定の目的を然るべく遂行する手段として開発された技術品を指すものである。そして「道具としてある」とは、まさにそうした一定の目的の手段としてあり、しかも当の目的を実現する最も有効な手段として機能するということである。アリストテレスが多くの場面で挙げる道具の例は鋸や斧といった大工道具であるが、例えば鋸は木材の切断を目的とする技術品であり、しかも木の切断という特定目的の実現に最も有効なものとして特定の形態と特徴を有した技術品である（cf. Phy. II9, 200a10-15）。かれは、何かが「道具としてある」ことのこうした自明かつ基本的様式をおそらく基礎的事実として踏まえた上で、魂の定義項に現れる「可能的に生命を有する自然的物体」が「道具としてある」ことが如何なる意味であるかについて、植物の「葉」「鞘」「根」という部分を例示している（412b1-4）。即ち、葉は鞘の覆いとして、鞘は果実の覆いとして、根は栄養物摂取の器官として、それぞれ機能する有機体部分（異質部分）である。

するとここで考えられるのは、「自然的物体」が organikon であるとは、それが「器官」或いは「器官をもつもの」であることを述べたものと（つまり事実的同一性を表わす言明として）解することも可能であろう。ただしここで注意すべきは、「自然的物体」は「道具」そのものではなく「道具としてある（organikon）」と言われること、そしてこの特徴づけはまさに道具のあり方から類比的に理解されるのが適切だということである。即ち、魂の定義に現れる「自然的物体」が「道具としてある」と表現されることは、それが異質部分或いはそれを備えたものであることを単に意味するというよりもむしろ、そこで言われる「自然的物体」が鋸の場合のように当該目的を実現するのに最も有効な機能を備えたものとしてある、ということを意味すると思われる。即ち、魂の定義において「可能的に生命を備えた自然的物体」即ち「道具としてある自然的物体」と特徴づけられる場面における〈身体＝質料〉概念は、先の前提Cに見出された視点、即ち元素を基本とした質料理解の視点とは異なり、当該の形相に直接対応しまたそれを直接構成し実現し得る質料として身体を捉える、という視点において語られるものである。そしてそうした身体が「可能的にある」とは、まさに当の質料が当の形相を——即ち魂が内在し生命に与るという状態を——直接実現し得る状態にある質料（最近質料）であることを意味すると思われる。

このことを理解するには、かれが有機体部分を生物とする仮想を行いながら魂と身体の関係を説明する箇所が注目される。即ちそこでかれは、仮に眼を動物とした場合それを物理的に構成する瞳が質料・身体であり眼の機能（視力）が形相・魂に相当すると述べ、魂を、生物がもつ諸々の機能として特徴づける知見を提示する（412b18-22, b27-413a2）。とすれば、生物の形相としての魂を生の諸機能と捉え、しかもそれに対応する質料・身体を、直接当該形相を構成し実現し得る最近質料として理解するならば、身体が「道具としてある」という特徴づけは、身体が器官を備えるという事実を意味するというよりも、そこで言われる身体が、生の諸機能に直接対応しそれを実現させ得る構造を有するものと位置づけられることを意味すると思われる。

魂の定義においてこのように捉えられた身体観においては、魂と身体の関係は、それらが一つであるか否かを詮議する必要のない、事実上同一性を保持する関係にあるとアリストテレスは主張する（412b6-9）。そしてその同一性は、封蝋における蝋と印形の関係から類比的に理解される。このように、定義において現れる身体概念は、魂との実質的同一性が見出されるほどに、生の諸機能（そこには「心的状態」も含まれよう）を直接実現させるものとして位置づけられている。そしてこのように捉えられた身体は、先の前提Cに見出される視点——元素の本性を基礎とし、事象を純粋にその物理的側面において捉え説明するボトムアップ的視点――と対比させれば、対応する「魂の」身体、即ちまさに「形相の」質料としてのみ把握される、そのような身体として位置づけられていると思われる。[38] 即ち、今示した事実的同一性についてもその根拠はあくまで形相・完成態の側にあると言われるように(412b8-9)、身体は、それが形相に直接対応し形相と同一性を確保するものであっても、そしてそれが現に生きている場合であっても、あくまで「生き続ける」ことに関しては可能性の次元にあり続けると言えよう。

4.「同名異義原理」にどう対処するか

さてようやくであるが、ここまで考察が進めば、はじめに提示した「同名異義原理」と魂の定義との関連について、一定の知見を提示することが可能であろう。

「同名異義原理（homonymy principle）」とは、生物の身体或いは器官はそもそも現に生きている場合にそう呼ばれ、生きていない場合のそれ（即ち魂を欠く身体、或いは例えば視力を欠く眼）は厳密には（即ち同名異義的以外には）そう呼ばれ得ないとされるものであった（e.g. III, 412b20-22)。そしてこのことは、技術品とのアナロジー、即ち例えば斧は仮に斧の本質（木を割り切るものであること）を捨象すればもはや（例えば絵に描かれた斧のように）同名異義的にしか「斧」と呼ばれないという指摘からのアナロジーによって説明される(412b12-15)。だがこの「同名異義原理」は、魂の定義において身体が可能態として特徴づけられることと両立しないように見える。即ちアクリルらが指摘するように、身体が「可能態」であるとは、そもそも質料としてのそれが現実化している（生命をもつ）こともそうでないことも共にあり得る（即ちそもそも何かが「可能である」とは現にそうあることもあらぬこともあり得ることを含意する）からこそ、そう言われるはずである。[39] そして、「生きている」ものとしてしかあり得ない身体概念（常に「形相化された」質料としての身体理解）は、デカルト以降の近代的物体概念からすれば極めて異質である。それは極端に言えば、かれの身体概念は本来的に「意識を懐胎している」という、バーニエトが抱くような印象を受けかねないものである。即ちバーニエトは、第2巻第12章における知覚の定義、即ち知覚とは「知覚対象の形相を質料抜きで受け入れること」（424a17-19）とする主張についての独自の解釈（意識こそが、如何なる質料的状態としても記述され得ない、知覚の根源的事態であるとする解釈）との関連で、同名異義原理は器官などの質料が「本質的に生き、本質的に意識を伴い得る」ことの表明であると解し、上述の見解を表明している。そして、デカルト以降における身体概念との乖離は、アリストテレスの議論が現代的な心身問題の文脈と同列に論じるに値しないことを主張している。[40] こうした見解に基づけば、確かに身体と魂の不可離性を主張し単純な二元論から一線を画すアリストテレスの定義自体は興味深いにしても、そもそもそこでの身体概念が特異なものであるからには、かれの議論を現代的文脈で語ること自体に困難が生じることになる。

以上のようにこの難問とそれに関連する論者達の議論は、（1）アリストテレスの魂論を現在の心身論の文脈と同列に論じ得るのか、そして（2）それは新たな知見を提示し得るのか、という現代的問題設定に連関する意味で興味深い。これらのうち同名異義原理をめぐる難問と特に直結するのは（1）の問である。即ちそれは一般的に言えば、魂の定義において提示される「身体」概念が如何なるものであり、そしてそれはデカルト以降現代にいたるまで議論される「心身問題」における身体（body）概念（物理的物体としての身体概念）に対応すると言い得るのか、という問に集約されよう。一方（2）に関しては、アリストテレスが魂を生における機能（ergon）として捉える点と相まって、一種の機能主義的立場をかれの内に見出そうとする解釈がしばしば提示されているが、[41] この難問は、そもそもそうした同列的議論が可能か否かの確認をせまる基礎的問だと言えよう。いずれにせよ問の解決の焦点になると思われるのは、アリストテレスがII 1で提示する身体・質料概念が如何なるあり方をし、しかもそれが「可能態」であるとは如何なる意味においてなのかということだと思われる。

まず、難問そのものというよりも難問による一帰結としての一般的当惑、即ちアリストテレスの身体概念が「既に意識を懐胎」しており特異であるとの見方そのものに対しては、前節で既に行った、魂の定義にいたる一連の議論の分析から、さしあたり次のように答えることができよう。即ち、アリストテレスの身体理解には、定義3で明示されるように身体が「道具としてある」もの即ち魂に直接対応する直近質料として捉えられる場面がある一方で、前提Cに見られるように、身体が元素の自然本性を基礎とする、形相に言及しない純粋に物理化学的な「物質」として——即ち近代以降の心身論が論じられる文脈でのbodyと連続的に——捉えられる場面が存在する、ということである。少なくとも後者のボトムアップ的な身体理解の存在は、身体が既に形相づけられたものとして或いは「意識を懐胎した」ものとしてのみ把握されるという一般的見方に対する応答・反例となるであろう。

とはいえ、これはあくまで難問からの帰結に対する応答に過ぎない。難問そのものに対しては、定義における「可能態」という身体の特徴づけと同名異義原理との整合性の指摘が、その答えとして求められる。より一般的に言えば、アリストテレスが行う、身体を質料・可能態とする魂の定義は、そもそもかれの哲学の営み（特にかれの質料形相論そして可能態—現実態論）において如何なる位置づけ或いは含意を有するのか、が探られる必要があろう。

一連の議論を再確認する。まず最初に提示されるのは、実体には「質料」と「形相」と「結合体」の三義があり、しかも質料は可能態であり形相は完成態である、というアリストテレスの実体論の一般的提示である。そしてこの大前提Aに続いて先に整理した諸前提を経て、最終的に、「可能態において生命をもつ自然的物体の形相」（定義1）にして「第一完成態」（定義2）であり、しかも「可能態において生命を自然的物体」が「道具としてある」と同定される（定義3）。そして定義3からの帰結として魂と身体の一性を自明とする主張が提示される。さて、先の一般的問、即ちこの定義にはアリストテレスの哲学の営みとしてそもそも如何なる意図・含意があるのかという問を考慮しつつ、以上の議論の構造を一瞥するとき、その特徴に関して言い得ることがある。まず、（1）一連の議論の端緒として提示される前提Aは、かれの存在論或いは実体論における基本的立場の極めて一般的な提示である。そして（2）魂と身体の一性の提示も同様に、形相と質料の一性という一般的・存在論的文脈でのアリストテレスのテーゼを容易に想起させるものであり、その意味で魂の定義におけるアリストテレスの大きな問題関心の一つとして「魂と身体の存在論的関係の定位」という試みが見出されると思われる。魂と身体の一性の提示を引用しておく。

「それ故、魂と身体が一つであるかどうかと問う必要はない。それはちょうど、〔封鑞における〕鑞と印形についても、また一般的に言えばそれぞれのものの質料と質料がそれの質料であるところのそれ〔形相〕についてもそうである〔＝両者が一つであるかを問う必要がない〕のと同様である。というのも、「一」と「在る」は多くの仕方で語られるが、もっとも優れた仕方では、完成態こそがそうなのであるから」（412b6-9）

質料たる身体と形相たる魂は、封蝋における蝋と印形がそうである仕方で自明的に一なるものであり、しかもその一性の根拠は完成態の側に存するとアリストテレスは言う。そしてここで容易に想起されるのが、結合実体における質料と形相の一性を、定義の一性の問を経由して問う、『形而上学』H巻第6章の議論である。即ちかれはそこで、定義を類の説明と種差の説明から成るものとする伝統的定義観に則りつつ、類を質料、種差を形相に置き換えた上で、定義には質料（類）の説明と形相（種差）の説明という複数の「部分」があるのに何故にそれらは一つの定義と言えるのか、という問題を探る。アリストテレスにとって定義の一性の根拠の問は、それが形相と質料の一性に関わる問題である以上、即ち定義の分節構造と定義対象の分節構造が連続する以上、とりも直さず存在者自体の一性の根拠の問でもある。つまり、青銅球は「青銅」と「球」に分節され、また〈類—種差〉連関に則せば人間は「動物」と「二本足」に分節されるように、一つのものに複数の部分があるのに何故それはまさに一なるものなのかという問が不可避となる。そしてこれを解決或いは解消するものとして導入されるのが、定義ないし定義対象のうちの一方の部分を「質料」にして「可能態においてある」ものとし、他方を「形相」にして「現実態においてある」ものとする図式である。即ち、まずさしあたり定義の諸部分がその一性を損なう仕方であるような対立的部分ではないことは、一方を質料とし他方を形相とすることで確保されよう。というのも両者は原理的に異なる二つの側面・位相であって、別言すれば原理を共有する二部分が衝突するわけではないからである。ただし、二つの原理的側面を認めるだけでは、両者を棲み分けさせる役割しか果たさないとも言い得、一性の根拠の問自体は〈質料—形相〉の枠組み導入によってもなお残るであろう。そこでアリストテレスは〈可能態—現実態〉という枠組みをさらに導入し、おそらくはそれを一性の問を解決へと導く補完装置と見なしている。結局かれが結論的に提示するのは、次のような図式である。

「われわれが語るように、〔結合体の内〕一方は質料、他方は型式（morphê）であり、一方は可能態において、他方は現実態においてあるとすれば、問われていることは何ら難問に思われないだろう」（Met. H6, 1045a24-25, cf. b17-19）

「このことの原因〔青銅球において丸さ（形相）と青銅（質料）が一つであることの原因〕は、〔即ち〕可能態においてあるものが現実態においてあることの原因は、生成するものにおいては、動かすもの（to poiêsan）の他に何があるだろうか。というのも可能態において球であるものが現実態において球であることの原因は〔動かすもの以外には〕何らの原因もなく、むしろこれ（touto）がそれぞれ〔質料と形相〕にとっての本質であったから」（1045a30-33）

結合体における最近質料と形相は、一方前者は可能態において他方後者は現実態において同一（tauto kai hen）であるから、一性の問題は解決される（「何ら難問に思われない」）とアリストテレスは言う。そして作用するもの（to poiēsan）こそが、可能態においてあるものが現実態においてあることの原因である、即ち始動因こそが生成の原因である、と（少なくとも一見したところ）主張される。ただし、果たしてこれで真に一性の問題は解決されたのかは解釈上問題となるし、二番目の引用箇所（1045a30-33）は難解であり、始動因導入の意味や代名詞 touto の指示対象に関する問題がある。これらの問題に関わることはここでの考察範囲を超えるが、ただ、少なくとも目下の考察の文脈に関わる範囲においては次のことが言えるであろう。即ちここで述べられている〈可能態—現実態〉図式は、「無いものが在るものに成る」という矛盾を秘める生成を整合的に——即ち定式的には「可能的に在るものから現実的に在るものが生成する」（cf. Λ2, 1069b18-20）という仕方で——説明する装置、ないし運動一般や動物の生成（特に発生）を説明する装置として導入されたという以上の意味をもつことである。即ちそこでは、時間性を伴わない共時的視点から捉えられた結合実体の存在（生成レヴェルの言葉遣いで表現すれば「生成完了後の結合実体」の存在）の一性についても〈可能態—現実態〉図式が適用され、その中で最近質料と形相の不可離性および両者の存在論的序列が表明されているということである。[42] なお『形而上学』Θ巻第7章で挙げられる、（現に完成している結合実体としての）木箱における形（箱形）を形相・現実態、最近質料としての木を可能態と位置づける図式（1049a19-24）も、同様の共時的視点・存在レヴェルにおける語りである。即ちこれらの箇所でなされているのは、現に存在する結合実体の存在論的分析とでも言えるものであり、結合実体において形相と最近質料が同一性を確保しながらもその存在・一性の根拠は形相の側にあり、質料はあくまでその可能性の次元に留まり続けるということの表明であると思われる。それは別言すれば、結合実体における形相と最近質料の存在論的身分の差異の表明である。そこでは質料は、当の結合実体に成る（形相を実現・獲得する）可能性を有するという意味での可能態（言わば「生成の可能態」）として位置づけられるというよりもむしろ、現に存在している結合実体を構成する最近質料として形相存続の可能性を保持し続けるものとして（言わば「存続の可能態」として）捉えられていることが解る。

さて、ここで再び『デ・アニマ』に戻りたい。そこでの一連の議論は先に指摘の通り、かれの存在論或いは実体論における基本的立場の表明を含み、しかも魂と質料の一性の提示は、形相と質料の一性というかれの基本テーゼの典型的な応用でもあった。また魂を完成態として特徴づける際には、それが実際の活動・運動（「考察」）に比せられる完成態）を意味するのではなく、当該機能（能力・形相）の所有状態（「知識」に比される完成態）を意味することが再三強調された（412a9-11, a22-28, b4-6）。するとこれらを鑑みれば、魂の定義におけるかれの基本的問題関心、および身体における可能態という特徴づけの内実が看取されるように思われる。即ち、第2巻第1章における魂の定義は、「形相を実現する潜在能力を有する（即ちそう成り得る）ものが発現して現実化する」といった生成論的或いは発生論的観点から語られるものではなく、まさに現に存在している生物に関して、共時的観点からその生物の存在構造を〈質料—形相〉そして〈可能態—完成態〉という枠組みに基づいて分節し、そうして分節された魂と身体の存在論的関係を定位する試みであると思われる。そしてそれはとりも直さず、『形而上学』H巻における一性の議論などで見出される、存在レヴェル或いは共時的レヴェルにおける可能態—現実態論を、身体—魂関係に（まさにその典型として）適用したということでもある。このことを、魂の定義において身体に対して与えられる「可能態」という特徴づけに着目して説明すればどうなるか。アリストテレスは、現に存在するこの生物について、魂（形相）と身体（最近質料）が同一性を確保しながらもその根拠を完成態（魂）の側に求めている。それは、当の生物が現に生物として存在している限りにおいて身体は確かに魂と一なるものとして現に生きているが、ただしその身体は「生き続ける」（生を存続させる）という点においてはあくまで可能性の次元にあり（即ち存続することも存続しないこともあり得）、存続の根拠はあくまで生命原理としての魂の側にあるからであると思われる。つまりそこで言われる「可能態」とは、「生まれる（形相を獲得する）ことも生まれない（獲得しない）こともあり得る」という生成論的・通時的観点においてではなく、存続或いは存在という観点において（即ち「存続の可能態」として）語られるものであることが解る。[43]

ただしこのような反論もあろう。即ち第2巻第1章では、魂の定義を下した後の後半の議論の中で一箇所、種子や種子を擁する果実が「可能態」であると言われる場面があるのはどう解すべきか、ということである（412b25-27）。ただしこれに関しては、そこでは種子は形相（魂）に対する可能態（身体）としてではなく、可能的に生命を持つ物体であることの可能性をもつもの（即ち「身体に成る可能態」或いは「可能態の可能態」）として特徴づけられていることに注意すればよいであろう。即ちこの箇所は、魂の定義において提示される〈身体＝可能態〉という図式とは基本的に異なる次元で語られていることが了解される。

さて、魂の定義におけるこうした共時的観点からの〈身体＝可能態〉概念は、「現に生きている場合にのみ身体はそう呼ばれ得る」という同名異義原理と矛盾しない。同名異義原理が語る通り、魂の最近質料として存在し、当該の形相に直接対応し機能を直接構成する「身体」（或いは器官）は、「生きていない」とき、即ち対応する形相（身体全体にとっては魂、器官にとっては当該の機能）を欠くときには、もはや当の形相の質料ではあり得ない。というのも、生物が生命原理を欠くとき身体はもはやそれ自らで同一性を保持し続けることはできず、あくまで一性の根拠は魂の側に存するからである。このことは「形相」と「最近質料」という関係を保持する存在者（結合実体）について一般的に言えることであり、最近質料はそもそも、「この形相の質料」という仕方で、直接対応する形相への言及によってのみ語り得るものである。[44] 逆に言えば、質料が最近質料として存在しまた捉えられるときには、それは常に対応する形相が現に存在しているという事態を事実として伴い、しかも両者は封蝋における蝋と印形のように同一性を保持している。ただし、そのような仕方である身体は、それがまさに（最近質料としての）身体であるときには常に「現に生きている」状態にあるにしても、生物として存続すること、即ち同一性を保持することに関してはあくまで可能性の次元にあり、その根拠は魂の側に存するとされる。以上のように考えれば、最近質料としての身体が「常に現に生きている」と同時に「可能態」であるという事態を整合的に理解できるであろう。

5. おわりに――アリストテレスの身体理解

以上のように、魂の定義において語られている（最近質料としての）身体概念は、現に存在しているこの生物についての存在論的分節の中で、形相と同一性を保持しながらも生の存続については常に可能性の次元において語られる意味で「可能態」と特徴づけられるものであった。そしてそれは、身体は現に生きている場合にのみそう呼ばれるという同名異義原理と矛盾するものではなく、むしろどちらも、同一性保持の根拠が形相の側にあるという、形相と最近質料の関係に関するアリストテレスの一般的教説の典型的応用として捉えられるものであった。

ただしその一方で、アリストテレスにはもう一つの身体理解が存在していた。即ち定義にいたる推論の中での「物体」と「自然的物体」の分類（前提C）において見たように、「生命を有する・魂が内在する」という形相的側面と「自然的物体である」という質料的側面への生物の分節においては、身体は、元素を基礎原理とする「質料的自然」に属するものとして、即ち純粋に物理的な事象（body）として捉えられていた。この意味での身体（質料）理解に立つときには生物（結合体）の存在は、形相的原理への言及抜きに、元素の作用によるものとして純粋に物理化学的な仕方で——ボトムアップ的に——特徴づけられ記述され得るものと考えられる。

以上のように、アリストテレスの〈身体＝質料〉理解には二つの異なる視点が見出されるが、ただしこれに関して最後に注記されるべきことがある。即ちそれは、形相を直接構成する最近質料として捉えられた「自然的物体」と、四元素の相互作用を基本とする純粋に物理化学的な営みによるものとして捉えられた「自然的物体」は、断絶的に存在するわけではないということである。即ち先に示した、アリストテレスが提示する〈形相―最近質料〉関係の相関的・連続的構図、即ち〈魂―身体全体―異質部分―等質部分―四元素〉という図式からすれば、あくまで最近質料としての身体も、究極的には四元素の自然本性とそれらの物理化学的相互作用を基本原理とし、質料的側面においてはそれらから実現されていると考えられる。このことは、現代の心身問題の文脈を念頭に置いて言えば、如何なる心的状態であれあくまでそれに対応する身体的・生理的過程が存在し、物理的な側面としてはそれにより実現される、という立場を示唆すると思われる。ただしこのことは、第2巻第12章における知覚の定義や理性の位置づけなどの諸難題と総合的に判断される必要があるため、ここでは示唆に留めたい。また、心身問題に関してアリストテレスを如何なる立場として位置づけ得るかについては、機能主義的解釈をはじめとする多様な解釈について の査定を要する。とはいえ少なくともアリストテレスの身体理解は、それをデカルト以降の身体概念と連続的に論じ得る場を一定範囲で確保していることは確かである。またさらに言えば、心的状態は（何らかの留保はあり得るにせよ）物理的過程によって実現されるという立場を示唆する意味で、同一説以降の現代的議論（乱暴に言えば一元論的立場を採りつつバリエーションを提示する諸議論）と同じ土俵に立ち得しかも何らかの知見を提示し得ると思われる。以上、本章では、心身問題の文脈におけるより積極的なアリストテレス解釈を試みるための一つの足場を提供したところで論を閉じたい。

第5章　アリストテレスは機能主義者か？

1.　はじめに——アリストテレスと機能主義

さて、前章ではアリストテレスが『デ・アニマ』第2巻第1章で行う魂の定義について、その議論構造とそこで登場する概念の内実を、関連テクストとの照合を伴いながら詳細に検討し、とりわけそこで浮かび上がってきた二つの身体理解の知見をもとに、現に生きているものとしてありながら可能態として特徴づけられる身体の「同名異義原理」について一定の合理的理解を提示してきた。それらの一連の議論で随時言及を行なってきたのが、アリストテレスの魂理解そして心（魂）身関係理解と、現代の心の哲学との関係である。この問題について私が前章で明らかにしてきたのは、アリストテレスの身体理解はデカルト以降の（body としての）身体概念と連続的な場を一定の仕方で共有していること、そして心的状態は（これまた一定の仕方においてではあれ）物理的過程によって実現されるという物理主義的立場をアリストテレスに帰し得るということであった。これは、最もシンプルに言えば、「アリストテレスの魂論は正当にも現代における心の哲学の土俵上でも論じ得る」ということである。ただし裏を返せば、前章で示したことはそこまでである。では、ともあれ同じ土俵で議論可能だとして、現代の心の哲学を念頭に置いた場合に、アリストテレスの魂理解そして心身関係理解は、そのような文脈においていかなる積極的知見を提示しうるものなのか——本章が主題的に取り組むのはこの課題である。そこでは、すでに指摘したように、魂を一定の機能（ergon はたらき）として特徴づけるアリストテレスの知見が一つの鍵になる。この知見は、アリストテレスはある種の機能主義者とみなし得るのか、みなし得るとすればそれはいかなる意味においてかという問を喚起すると同時に、アリストテレスにおける目的論的な哲学思索の諸相を辿ってゆくという本書全体の問題関心にも直結するものである。

前章でみたようにアリストテレスは、魂と身体の関係を論じた『デ・アニマ』第2巻第1章において、形相―質料というお馴染みの概念装置に基づき、魂（psychê）を「可能態において生命を有する自然的物体の第一の完成態」と定義し、心身関係を不可離にして事実上同一性を保持するものとする知見を提示する（412a3-b9）[45]。こうした立場について、現代の心身論の文脈から、デカルト流の心身二元論とも強い物理還元主義的一元論とも一線を画すものとしてそれを評価する解釈がしばしば提起されてきた。とくに、アリストテレスが「機能」（ergon）への言及によって質料形相関係を捉えることに注目し、かれの心身論を一種の機能主義と見なす解釈が、一つの潮流となっている[46]。ただし、それではそうしたライン上の如何なる地点に落ち着くのかという先鋭化された問については、議論が成熟し尽くしておらず、「機能主義の祖」という先駆者として評価する趣旨の解釈が多い感は否めない。確かにアリストテレスは、有機体における一定の目的論的システムの下での機能への言及が不可欠なものとして魂を特徴づける一方、（知性は留保するとして）如何なる魂状態も物理的過程を伴うということを認め（I1, 403a3-b16）、二元論からも一定の距離を保とうとする[47]。よって、かれの心身理解を一定の機能主義的ライン上に位置づけることは基本的に尊重されるべきであろう。とはいえ、大まかなレッテルを貼るだけでなくその内実を踏み込んで探ることも解釈上必要となるはずである。そこでこの探究の核として頻繁に提示されるのが、現代の機能主義の中心テーゼの一つである「多重実現可能性（multiple realisability）」――当該の機能状態（functional state）が複数通りの物理的過程によって実現され得るとする立場――或いは当該機能とそれを実現する物理的過程との関係の偶然性（contingency）を、かれのうちに見出そうとする試みである。この試みは多くの場合、かれが心身関係を説明するさいに頻繁に採用するところの、技術的事象からの類比（テクネーアナロジー）という方策に注目することでなされる。しかしこの解釈は、類比という議論様式の特殊性もあって、必ずしもテクストから明示的かつ字義通りの仕方で見出せるわけではなく、強引なテクストの読み込みという危険性をはらんでいる。そしてその背後には、現代の論者が「心の哲学」という土俵の上で自身の立場を表明する手段としてアリストテレスを利用したいという「下心」もときに垣間見える。そこでまず本章では、かれをどのような仕方で機能主義者として位置づけ得るのかを見定めるため、多重実現可能性を読み込むことが典拠上妥当なのかどうかを検討する。それを通じて示されることになるのは、読み込むことは厳しいという否定的な理解である。そしてその上で仕切り直しとして、それとは別の線で機能主義的な視点をかれのうちに見出しうるかどうかを問い直してみたい。

2.「多重実現可能性」は読み込み可能か？

アリストテレスは有機体事象の説明において、それを技術的事象と類比的に捉えるという方策（テクネーアナロジー）を多用する。例えば、切断を機能とし鉄を素材とする斧の存在様式と、視覚を機能とし眼球などを質料とする眼の存在様式を類比的に捉えるというようにである（e.g. 412b10-22, Meteo. IV12, 389b28-390b2）。この方策は種々の論点を見出し得る懐の広い議論手法であり、例えばアーウィンは、結合実体或いは形相の存在が質料に非依存的であることに着目し、青銅製のペリクレス像を修理しても同一性を保持するように、有機体の質料を新しいものと取り替えても有機体は生き続けること、つまり形相は何らかの質料（some bit of matter）を必要としても特定の質料（one particular bit of matter）は必要としないことを指摘する。[48] そしてこの種の発想を発展させる形で多重実現可能性或いは質料形相関係の偶然性（contingency）を類比のうちに読み取ったのがシールズであり、円盤とその構成質料の関係においてと同様に有機体についてもその機能が満たされる限り構成要素は任意であって、人間はcompositionally plastic（組成上可塑的）であると主張する。[49]確かに、アリストテレスがテクネーアナロジーを多用ししかもそこで機能概念が一つの核を成すことは事実であるし、技術的事象に関する我々の直観的理解との合致もあり、機能主義を読み取る解釈には一定の説得性があるように思われる。だが、私が注視したいのは、果たしてかれが心身関係を論じる文脈での類比のポイントは多重実現可能性にあるのだろうかということである。

テクストの該当箇所を具体的に検討してみよう。まず、コーエンやシールズに指摘され、多重実現可能性解釈の主要典拠とも言えるのが、『形而上学』Z巻第11章（1036a25-b7）の議論である。そこでは、円盤は青銅製でも石製でも木製でもあり得るということがアリストテレスにより指摘されているのだが（1036a31f）、かれらは、「人間」とそれを構成する「肉、骨」との関係（1036b3f）に関してもこれと類比的に理解することが可能であり、有機体における形相の多重実現可能性が見出されるのだと解釈する。すなわち、円盤の「円さ」が青銅においても石においても実現されるように、有機体においても、当該機能さえ満たせば骨や肉でなくとも構わず、ひいては「シリコンチップから構成されたもの」でも可能である（シールズ）とされる。[50]

この主張を吟味したい。まず、当該議論でテクネーアナロジーが用いられ、円盤の質料と人間のそれに関して一定の類比的関係が提示されているということは確かである。それはそうとして、では果たしてこの類比の焦点は、同一形相が複数通りの仕方で実現可能であるということにあるのだろうか。当該箇所でアリストテレスが行なっている基本的主張は、「技術品においても有機体においても当の結合実体（例えば青銅製円盤／骨や肉から成る人間）における質料的側面（青銅／骨・肉）はあくまで結合実体の部分（原理的側面）を構成するのであって、当の結合体の形相的側面（円さ／人間の形相）の部分を成すのではない（1036b2）」ということであって、類比を用いながらこのことを示そうとしている。すなわち、一方技術品の場合、青銅製円盤における「円さ」という形相的側面は青銅製円盤においても石製円盤においても見出されることから、質料的側面が形相的側面の部分でないことは容易に了解可能である（a33f）。他方人間の場合、その形相的側面は事実上骨や肉などの特定質料においてのみ見出されるため、円盤の場合よりは直観的に把握しにくいものの（b6f）、技術品の場合と類比すれば、やはり質料的側面が形相的側面の部分でないことは理解できる。以上のように、この類比のポイントは、〈結合実体―形相―質料〉という三者間に存する全体部分関係（包含関係）を示すことにある。とすれば、読み取り可能かという次元は留保するとしても、少なくとも多重実現可能性の主張を積極的に意図するものでないことは確かである。また、技術品と違い、人間については結合実体としてのそれを構成する質料の事実的唯一性がむしろ示されている――だからこそあえて類比という策が採用されているのだろうと私は推測する――ことは、多重実現可能性を読み込む解釈にとって不利な事実である。というのもこのことは、当の機能さえ満たせばシリコンチップでも構わないといった論調と対極的だからである。かれらの読み込みには、機能を核とするアリストテレスの魂理解からすればかれは当然多重実現可能性を認めているに違いない（或いは認めていてほしい）という希望的な観測が関係していると同時に、しばしば同一名称が適用される形相と結合体の位置関係についての若干の混乱も影響していると思われる（cf. 1037a5-10）。とはいえ、かれらの読み込みの端的な否定はひとまず控えておこう。

さて、次にしばしば言及されるのが、生物学著作における感覚理解である。シールズは、「一定の感覚状態が、動物種ごとに異なる生理的システムによって実現される」という事態が一連の生物学著作で認められているということに注目し、そこに同一感覚状態の多重実現可能性を読み取ろうとする。例えば、『動物部分論』第2巻第10章で「人間以外の諸動物においても、感覚器官はそれぞれの固有な本性に従い然るべくアレンジされている」と主張されること（657a10-12）などに関連して（cf. 656a35-37, 658b27-659b19, De An. 421b9-422a6）、同一の心的タイプ（例えば、花の臭いを嗅ぎ取ること）が、トークンのレヴェルでは異なる生理的状態（人間のそれ、犬のそれ）

によって実現されるのだと解釈する。[51] また、コーエンは、触覚の感覚器官が「肉またはそれに類するもの」から成ると言われること（P.A. II1, 647a21）について、人間の場合はたまたま肉であるけれども、他の動物の場合は異なる質料的組成物であり得ること（ひいては compositional plasticity）を示唆していると理解する。[52] 以上の解釈を検討してみよう。

まず、アリストテレスの見解とみなしてよいと思われるのは、その含意内容はともかく、「同一タイプの感覚状態が異種動物間において存在する」ことである。このことは、そもそも機能や能力に着目して魂状態を規定することによる一つの帰結であるし、実際『デ・アニマ』での魂の各論は、生物種単位ではなく諸生物に階層的かつ横断的に見出される各能力（栄養摂取能力・感覚能力・知的能力）を考察単位として論述を展開するという手順を採用している。こうした知見と手法は、ヒトに限らず異種動物間を横断的に広範な視点から心的事象を探究しようとする科学上の姿勢――この点は機能主義に存する学問上の方法論的意義にも関わる点で重要である――や、生物学者でもあったかれの学的関心を反映していると思われる。また、同一タイプの感覚状態が異種動物間において存在するという見解は、栄養摂取能力に関して「植物の根は動物の口に相当する」とする発言（412b3）からも了解できることである。ただし、果たしてこの見解が、（1）「機能概念を核として魂を理解する」といった（ミニマムな意味での）機能主義的知見、（2）タイプ同一説的な強い物理主義の否定、（3）日常的言語使用を尊重する基本的態度、という以上のことを含意するのかは判然としない。すなわち、かれが（2）を認めるのはある種当然としても――さもなくば機能への着目も形相の重視もかれには不要だったろう――、だからといって、多重実現可能性解釈が通常想定するような、同一生物の枠内でのそれや人工的アレンジによる心的状態の実現可能性といった次元の主張まで読み込むのは飛躍的であろう。また、（3）との関連で言えば、「花の臭いを嗅ぎとる」という表現は犬にも人間にも成立するといった見解へのコミットメントは、日常言語使用や通念からの乖離を可能な限り避けるかれの基本的姿勢を念頭に置けば、さほど特別視すべきとは思えない。なお、コーエンの挙げる「肉またはそれに類するもの」という句についても、それが異種動物間における触覚とその感覚器官の横断的存在を示唆する表現であるならば、以上と同様の応答が成り立つであろう。

以上のように、これらの箇所から多重実現可能性をアリストテレスの主張として認めるのは困難である。先も指摘したように、おそらくかれらの読みは、機能への言及により魂が捉えられている以上、当然多重実現可能性も認められているのではないだろうかという期待に動機づけられている。もちろん現代の機能主義者であれば、「心的状態が機能状態（入出力および他の心的諸状態との因果的連関）として定義可能ならばその論理的帰結として当該状態の多重実現可能性が導かれる」と考えるであろうし、アリストテレス解釈としてそうした議論がなされることもある。[53] しかし現代の機能主義者の側からそうした論理が成立するとしても、テクストのうちに多重実現可能性が確定（少なくとも示唆）されない限りは、典拠上強引な読み込みだと言わざるを得ない。もちろん、多重実現可能性を読み取る余地を全面否定するのも一方では速断なのかもしれない。とはいえ、次のように判断するのはもはや強引ではないだろう。すなわち、テクネーアナロジーにより質料形相関係を開示しようとする関連諸議論のうちに多重実現可能性とは対極的な一定の積極的主張が確認されるなら、楽観的読みは排除されるに相当する、と。こうした方向性の主張として挙げたいのが、目的論的生成において認められる質料に関わる必然性としてアリストテレスが提示する、いわゆる「条件的必然性（Hypothetical Neccessity）」である。これは、

「あれが目的ならば、必然的にこれこれのものがなければならない」（PA. II, 642a33-34）

というものであり、特定ゴール実現のためには当の過程において特定質料が必要だとする主張である。かれは有機体における条件的必然性を、まさにテクネーアナロジーにより提示している。例えば斧の切断機能は本来切断に必要な固さ抜きにあり得ず、また当の固さの実現は鉄などの特定質料抜きにあり得ないように、人間の種的本質からすればこれこれの身体部分が、また例えば呼吸のためには特定質料があらねばならない（e.g. P.A. I1, 640a33-36, 642a10-13, a33-b3）。この条件的必然性は生命事象全般に認められるものとして提示され、しかも鋸の機能概念が類比的に示すように生物において目的は形相と不可離のものであるから、魂（形相）―身体（質料）関係にも当然成り立つであろう。とすればここでのかれの論調は、形相・機能とその構成質料の関係の偶然性を主張するのとは反対に、両者の密接な関係性、すなわち当該機能の実現には特定の物理的特徴を備えた質料が伴う必要があることを明示的に主張するものであることが解る。

　確かに条件的必然性に関しても、「必然化される質料があくまで特定タイプに留まるとすれば、多重実現可能性解釈は依然として可能である」といった反論が考えられる。実際そうした読みは、（1）斧の場合に必然化される質料に関して「青銅か鉄」という選言的な表現も見られること（642a10-12）、（2）元素レヴェルにいたる必然化の明示は見出されないことを鑑みれば可能であり、これらのことからは、強い物理主義を回避するかれの姿勢が垣間見える。ただし少なくとも言えるのは、かれの主張の力点は「形相実現のためには質料はあれでもこれでも構わない」という点にではなく、「特定（タイプ）の質料こそが本来的に必要だ」という点にあるということである。このことは、有機体事象と技術事象に関し、形相或いは当該機能の説明には特定質料への言及が不可欠である（例えば斧はその定義上鉄などの硬質素材への言及を伴う）ということを強く示唆する、「ロゴスの質料」という知見（Phy. II9, 200b4-8）を鑑みても明らかである。また、「怒り」の説明に関し、「復讐への欲求」（形相的側面）と「心臓周囲の血液の沸騰」（質料的側面）の両方が定義に含まれねばならないとする主張（De An. I1, 403a29-b19）も、そうした力点と合致する。なお、（1）と（2）を根拠に、多重実現可能性を身体全体や異質部分ではなく元素レヴェルにのみ認められるものと解釈する可能性も考えられる。だが、形相（魂）と直近質料としての身体の事実的同一性の主張（412b6-9）、および質料―形相関係が〈魂―身体全体―異質部分―等質部分―元素〉という仕方で相関的・連鎖的である点（G.A. II, 715a9-11）は、無視し難い。仮に緩やかな多重実現可能性を排除しない解釈を探るならば、その人は、元素に限定しない仕方でその可能性を考えざるを得ないであろう。

3.　アリストテレス流機能主義の再検討

では果たして、それでもなおアリストテレスの心身理解は、現代の機能主義との関連で何らかの知見を提示し得るものでありうるのだろうか。「現代の機能主義において多重実現可能性は、機能による心的状態の定義から必然的に要請されるものである」という知見を徹底し、機能主義的な方向性の解釈を拒んでしまうというのも、それはそれで一つの道であろう。ただし一方で、かれが機能概念を焦点に魂状態と心身関係を理解し、しかもそうした理解が――ちょうど現代の機能主義がコンピュータの一連の振る舞いなどをモデルに心的事象を理解するのと親近的に――テクネーアナロジーの駆使により提示されることも事実である。こうしたかれの心身理解様式（最低限の機能主義的理解）は、かれの技術理解が如何に単純でも、またかれが、「機能（ergon）」ということで、（入出力および他の心的状態との価値中立的な因果連関というよりも）生物の生存を集約点とする目的論的システムの下での身体機能（能力）をまずもって想定しているとしても、無視できないであろう。では、多重実現可能性は脇におくとして、かれの心身理解が機能主義的であることの所在を、なにか他の仕方で見出し得ないだろうか。そうした問題関心のもとで私が今ここで改めて問い直したいのは、アリストテレス心身論の文脈でテクネーアナロジーはそもそも如何なる論点を類比の基本とするのか、ということである。以下ではこの仕切り直し的な問を見定めるため、かれが心身関係を一般的に定位する『デ・アニマ』第2巻第1章の議論に立ち返り、そこで提示される organikon という表現に着目しながら検討を進めてみたい。

かれは、本書前章でも示したように、心身関係を定位するという仕方で魂の定義を次のように段階的に提示している。

魂＝可能態において生命を有する自然的物体の、形相としての実体（412a19-21）
＝可能態において生命を有する自然的物体の、第一の〔即ち、考察活動に対する知識所有状態の如く、実際の活動ではなく能力保持状態という意味での〕完成態（412a21-28）
＝organikon な自然的物体の、第一の完成態（412a29-b6）

魂の定義におけるこの段階的前進は、「形相的実体」を「能力所有状態という意味での完成態」に換言し、次に「可能態において生命を有する自然的物体」と規定された身体の内実を「organikon な自然的物体」と同定することによって果たされるものである。かれの表現の極度の簡潔さはさておき、ともあれこれらの定義は〈魂＝形相・完成態／身体＝質料・可能態〉という図式の端的な表現である。だが、それはそうとして今とりわけ注目したいのは、定義の最終形で付加された organikon という表現である。この独特な表現は、「可能態において生命を有する自然的物体」という身体概念を一挙にしかも説明的に同定するものとして導入されており、その意味ではアリストテレスの理解する心（魂）身関係を端的に特徴づけるキーワード的な表現である。テクネーアナロジーとの関連で私が問いたいのは、この表現の内実はなんなのかということである。従来の解釈の大勢としては、これは「器官を有する身体」

を意味すると解されてきた。こうした了解からすれば当の箇所は、「生物の身体全体が器官を備える」という事実言明、或いは「如何に単純でも器官から構成されていれば生物としての資格を有する」という条件的な言明を意味することになろう。確かに、この言明の後では植物の部分である葉や鞘が例示されるし、ギリシア語 organikon の末裔である organic という英語から遡行的に(正確に言えば本末転倒的に)理解しようとすれば、「有機的身体」といった訳も可能であろう。しかし、こうした理解には、本来の語義からの或るずれが見出される。というのも語義上は、organon は技術品である「道具」を意味し、organikon は「道具（organon）・的（-ikon）」であることを意味するからである（よって「〜を持つ」という訳語も正確でない）。むしろこの表現は、その語義に則した仕方で自然に読み取るならば、身体の存在様式を、技術品である道具の存在様式（道具が有する諸特徴）から類比的に――技術品との比較・距離測定という仕方で――特徴づけようとする表現であると思われる。以上の理解は、第2巻第4章で身体が「魂の道具（organa）」と表現される点（415b18-20）を鑑みても納得できるものである。

とすれば、心身論の文脈におけるテクネーアナロジーのうちに存在する基礎的な視点との関連においては、次のことが言えるだろう。すなわち、この organikon という特徴づけは、心身関係が道具の存在様式からの類比によってこそ適切に把握されるということを示すものではないかということである。ところで一般に「道具」とは、制作上の目的を然るべく遂行する手段として開発された技術品のことである。そして、何かが「道具としてある」とは、当該の目的を実現する最も有効な手段として機能するということである。例えば鋸は、木材の切断を目的とし、しかもこの機能の実現に最も有効な特定の形態・特徴を有した技術品である（cf. Phy. II9, 200a10-15）。アリストテレスは、何かが「道具としてある」ことのこうした基本様式をおそらく踏まえつつ、身体が organikon であることの一例として、葉、鞘、根、口を列挙する（412b1-4）。すなわち、葉は鞘の、鞘は果実の覆いとして、根と口は栄養摂取器官として機能する部分である。これらから解るように、類比のポイントと思われるのは、（1）道具と有機体には機能概念が見出される、（2）機能実現の最も有効な手段として質料（身体）が位置づけられるという知見である。これらを比例図式で表現するならば、道具と道具の機能に見られる関係が身体部分と身体部分の機能にも見られるということである（e.g. Meteo. IV12, 389b28-390b2）。ここで注意すべきは、かれは、身体部分に言えることを全体に当てはめ（412b22f）、なおかつ全体に言えることを部分にも当てはめて論じており（412b17f）、つまりは身体全体の様式と部分のそれは並行的・互換的に把握されるべきだと考えている、という点である。従来、organikon を instrumental と読むエヴァーソンのように、道具概念に注目した読みは時折提示されてきたが、その多くは、身体の部分に特化してこの表現を捉え、身体部分（器官）と道具が類比的に理解されることのみを意味すると解してきたと思われる。[54] しかし、メンも指摘するように、動物の身体全体を organon と表現ししかも部分と全体を並行的に論じる箇所（P.A. I1, 642a2-13）が見られるし、[55] また第2巻第4章で身体全体に道具概念が適用されていることは先述の通りである。よって、魂と身体全体の関係についても類比が適用され、しかも身体部分に関しても、身体全体に対する手段であるというよりもむしろ機能という概念が見出されるからこそ organikon と表現されるのだと考えられる。以上を踏まえれば、こう定式化できるだろう。

道具（鋸）：機能（切断機能）＝身体部分（瞳）：部分の機能（視力）＝身体全体：魂

この図式に則せば、身体全体および部分が organikon である（＝道具のあり方から類比的に理解される）とは、鋸の場合同様生物においても一定機能が見出され、しかも当該質料はその実現に最も有効なあり方をしているということを意味すると思われる。別言すればそれは、当の身体がまさにそうした仕方で可能態においてある、すなわち当の形相（魂状態）を直接実現し得る直近質料としてある、ということである。この場合、心身関係は詮議を要さぬほど事実上同一関係にあるとされ、封蝋において蝋と印形が一なるものとして存在するという事態と類比されるが、ただし同一性の根拠は、身体が常に対応する形相の直近質料（魂の身体）として特定されることから解るように、あくまで形相（完成態）の側にある（412b6-9）。ところで解釈上注意すべきは、以上の身体理解は質料形相図式の枠内で身体（直近質料）に一般的に成立するという点である。ボスは、第2巻第1章の organikon sôma を instrumental body と解しつつも、これを『動物運動論』第10章で提示される特殊な身体、すなわち心臓に位置し運動において魂と身体を媒介する「生来の気息（symphyton pneuma）」を指すと解する。[56] この特殊な身体部分の吟味そのものについては目下の議論の考察範囲を超えるが、とはいえ少なくとも、第2巻第1章にそれを読み込むことは無理な話である。その理由として次の3点を指摘しておこう。（i）魂の定義にいたる一連の議論(412a6-b9)は、質料・可能態―形相・完成態という実体区分を大前提として進められる。（ii）organikon sôma は「可能的に生命を有する自然的物体」を同定的に置換した表現であって（412a27-b1）、ボスの解すように両表現の加算により定義項が成立するのではない。（iii）『動物運動論』第10章では organon という語が一度使用されるだけであり(703a20)、organikon という言葉を端的に pneuma に言及する術語的な表現の如くに解すのは強引である。

さて、テクネーアナロジーの基本的視点がこれまで述べた通りだとすれば、心身論の文脈で駆使されるテクネーアナロジーの諸場面は、これを基本とした上での多様な展開と見なすことができよう。（例えば、情動の説明における質料と形相の相補性の主張（I1）で用いられる「家の定義からの類比」や、質料抜きでの形相の受け取りと表現される感覚のメカニズムの一般的説明（II2）で用いられる「封蝋における指輪の印形の受け取りからの類比」などがそうである。）また、以上の検討を条件的必然性と関連づければ、条件的必然性は当該質料が特定機能の実現に最適な仕方でアレンジされていることも含意すると言えよう。

4. アリストテレス流機能主義の一つの意義

さて、以上を考慮するとき、アリストテレス流機能主義の特色を探るという本章の試みに関して、一定の知見を提示できるであろう。まず、本章前半で示した通り、テクネーアナロジーを通じ提示されたアリストテレス流機能主義の力点は、多重実現可能性のうちには見出せない。むしろ、かれにおける特色はそれとは別の位相において、つまりテクネーアナロジーによる心身関係理解というかれの議論様式そのもののうちに存在する。すなわち、心身関係の開示において見られる議論様式からは、organikon という表現に象徴されるように、「心身関係の内実は、技術品における存在構造から類比的に捉えることによってこそ適切に理解できる」というかれの基本的態度が汲み取られるということである。ただしこのことは、技術的事象と有機体事象の全面的相同性が主張されるという意味ではない。むしろ、形相的原理ないし目的の所在の内在性／外在性という両者間の根本的差違――技術品の場合使用目的と形相は設計者や制作者により外的に賦与される一方、有機体の場合目的は当の有機体の種的存続という仕方で内在的である――は、かれの強調するところである（412b15-17, Phy. III, 192b8-32)。テクネーアナロジーに関して私が注目したいのは、現象的な類似性という観点ではなく、我々が有機体事象の理解を試みる場面で見出されるところの認識論的な側面である。すなわちかれの採用する方策は、心身のあり方（一般化すれば有機体事象）が、技術という我々人間の営みからの距離測定・比較によってこそ適切に理解されるのだ、というかれの態度の表明をも示唆的に含意している。このことは、「我々にとって先なるものから本性上先なるものへ」というアリストテレスの基本的探究姿勢（Met. Z3, 1029b3-b12）の典型的反映でもあり、或いは、有機体事象の探究に関し我々に存する認識論的制約であるとも表現できる。実際かれは、魂論の要所では決まってと言えるほど、テクネーアナロジーや学的営みからの類比を駆使することで説明を試みている。それは先述のように、情動の定義、心身関係の定位、感覚の一般的説明の他、感覚するさいの変化様式の説明（第2巻第5章でなされる、学知修得プロセスからの類比）など、各論の核心場面に見られる。

ただしここで注意すべきは、テクネーアナロジーは単なる便宜的方便や比喩ではないということである。本書の第一部でも指摘してきたように、この類比には、「技術は自然を模倣する」という極めて一般的なテーゼ（Phy. II8, 199a15-20）――別言すれば、この世界に関するかれの存在論的態度表明――が背景として存在していると考えられる。このテーゼが含意するのは、技術的事象と自然的事象に原理的平行性が見出されるとき、実は自然においてこそ当の特徴が本性上優れた仕方で見出され、技術の側は原理的に追随（模倣）しているという、自然と技術の原理的先後関係である。すなわち、「我々にとって先なるものから本性上先なるものへ」という探究姿勢についても、実は後者に本性上の優先性が存在する――これは探究上の先後関係と相克する――ように、技術から自然を類比的に理解する営みそのものの成立根拠は、類比の論点が実は後者に本性上優れた仕方で見出されるという事態の内に存するのである。

5. おわりに――アリストテレス流機能主義と現代機能主義

最後に現代の機能主義との関連に触れたい。こうした認識上の優先関係と存在論的優先関係の相克は、実は現代の機能主義にも垣間見られないだろうか。テクネーモデルによるアリストテレスの心身理解を敢えて現代の機能主義（の少なくとも一部）に見られる発想と重ね合わせれば、「コンピュータモデルに基づく心的事象理解」を想起できる。私が指摘したいのは、技術品と計算機の存在様式の類似性ではなく、心的事象へのアプローチ手法の連続性である。すなわち人間の心的事象のあり方を理解・説明するにあたって、我々人間の人工的設計物である（しかも人間の知的作業の代替物として案出された）コンピュータにおけるプログラムの一連の振る舞い方がモデルとして導入されるということである。しかも興味深いことに、そうしたモデル的理解が成立した暁には、例えば人工知能といった技術品に対し拡張的に心的事象という称号を与える試みが進められていく。こうした独特な事態は、アリストテレスのアプローチにみられる特色と相通ずるものを示唆しているようにも思われる。

第三部　幸福

さて、これまでの議論では、「自然」と「魂」をめぐる思索においてアリストテレスが展開する目的論的哲学の諸相を辿ってきたわけであるが、その中で私は、自然の目的論が、生命原理としての魂を有する存在者であるところの生物をその適用範囲とするものであること（第一部）、そして、まさにその魂が主題化される場面において、「機能」と「道具性」という知見を鍵としながら魂の定義と心（魂）身関係の内実が開示されていること（第二部）を確認してきた。するとここで言えることの一つは、自然を主題化した目的論にせよ魂を主題化した目的論にせよ、それら一連の議論には、「生物である（＝魂を持つ存在者である）とはどういうことか」というアリストテレスの基本的問題関心が通底的に存在しているということである。

この「魂を持つ存在者」のうち、人間という「魂を持つ存在者」に特化してその内実の学問的理解を試みる営みの中心となるものが、「倫理学（êthikê, êthika）」である。今日存在する学問分野としての「倫理学（ethics）」は、辞書的には「人の行為と生をめぐる道徳的評価に関わる学」とでも表現できるであろうが、そもそもこの学を一つのディシプリンとしてはじめて体系的に構築した人物であるという意味で、アリストテレスは——他の多くの学問分野についてもそうであるように——「倫理学の創始者」である。すなわち、ethics はギリシア語 êthika を英語訛りにしたものであるが、êthika はアリストテレスによる主要倫理学著作のタイトル（つまり『ニコマコス倫理学（êthika nikomacheia）』）の一部を成しており、その意味で（固有名詞としての）一書名がそのまま（一般名詞としての）学問名になった事例の一つであると言ってよい。[57]「倫理学」という学問に関してこのような極めてユニークな立場にあるアリストテレスは、まさにそのユニークな立場上の責務として、『ニコマコス倫理学』の序論（第1巻）において、自らの創始する——後になればそれが（英語で言えば）ethics という一般名詞となるに至るところの——プロジェクトがいかなる対象・方法・目的を有するものであるのかについての自己規定を行なっている。そしてそこで中心となるのが、「幸福（eudaimonia）」という概念である。すなわちアリストテレスは、「人間における善」

を学的に把握したいという原初的な問題関心を考察の端緒として、「いかなる行為も何らかの善をめざす」という一般的定式の提示を通じて「善」を「行為の目的」として位置づけ、諸行為における目的手段系列の存在を指摘しつつ（第1章）、最終的に人生（あらゆる行為）の「究極目的」である「幸福」を「最高善」として位置づけるにいたる（第2・第4章）。そして、人間という有魂の存在者が独自的かつ卓越的に備える「機能（ergon）」の発揮こそが幸福な生（＝人間として生きがいのある生）に他ならないはずだという基礎的知見に着目しつつ、ひとまず「ロゴス（理性・理）を有する魂の部分の行為的な生」「徳に即した魂の活動」と一般的かつ暫定的に――やはり魂を定義項に含む形で――規定されることになる（第7章）。ともあれかれは、こうした一連の自己規定作業において、「幸福とは何か」という問の解明こそが自らの学の基礎的かつ究極的な目標であることを宣言しているわけである。かくしてアリストテレスにおいて倫理学とは畢竟「幸福論（eudaimonics）」に他ならないわけだが、それは本書の問題関心との関連でいえば、アリストテレスは倫理学においてもまたもや目的論的視点を――生の究極目的の幸福を倫理学の中心に据えるという意味においてはもちろんのこと、幸福概念の一般的規定そのものが機能概念に着目して確立されたものであるという意味でも――その営みの中核に通底させているということを意味する。そこで、第三部では、アリストテレスがいかなる仕方で「幸福論としての倫理学」を展開しているのか、そのありようを、

（ⅰ）師プラトンによるイデア論的な最高善理解をアリストテレスはいかなる仕方で批判し、それを通じてどのような自身の善理解を提示したかを考察する（第6章）

（ⅱ）『エウデモス倫理学』と『ニコマコス倫理学』における愛（philia）論において提示される、三つの種類の愛とその異同をめぐる議論について、整合的な理解を試みる（第7章）

（ⅲ）快楽論において提示される「快の種的差異」という知見について、ミルの快楽論との異同を通じて明確化する（第8章）

という三つの仕方でみていきたい。

第6章　善のイデア説批判——善の帰一的多義性

1. はじめに——アリストテレスによる善のイデア説批判

アリストテレスは『ニコマコス倫理学』第1巻6章および『エウデモス倫理学』第1巻8章において、大小いくつものアーギュメントを重ねながら、様々な角度からプラトンの「善のイデア」説に対する批判を主題的に展開している。両章を含む当該巻では、どちらにおいても、行為の究極目的・最高善としての幸福（eudaimonia）概念を焦点として自身の倫理学における基礎的な考察が展開されているが、今しがた述べたように自らの学的プロジェクトを自己規定する『ニコマコス倫理学』第1巻の一連の議論の中では、「友も真理も大事だが真理の方を一層尊重すべきである」という趣旨のよく知られた前口上（I6,1096a11-17）が冒頭に据えられるのみで、唐突に思える仕方で、しかもいくつもの論駁が執拗に重ねられるという体裁をとっている。

一連の文脈の中でなぜそのような唐突かつ執拗な仕方でプラトニズムとの対峙が必要であったのか、という素朴な疑念は、『エウデモス倫理学』の側に目をやればひとまず解消される。つまりそこでは、イデア論批判が行われるに先立って、人間にとっての「最高善」（to ariston）の内実を考える場合には「善のイデア」が候補となるという、アカデメイアの立場を踏まえた指摘がなされているからである（1217b1-5）。イデア論者において善のイデアは、個々の不完全な仕方でのよきものに対して完全なよさを有し個々のよさを成立せしめる原因であるという点で、「最高によきもの」にして「残余の善が目指すところのもの」である。すなわち、この見解を『ニコマコス倫理学』第

1巻全体の議論構造と重ね合わせれば、一連の文脈の中でのプラトニズム批判の必要性が概ね次のように了解できる。まずそれまでの議論では、人間のあらゆる行為が究極的にはそれを目指すところの目的＝最高善が存在することを主張した上で（I1-2）、その呼称については「幸福」という表現を附すことで衆目が一致しているものの（I4）、その内実——すなわち如何なる生が幸福か——については、人々の間で「快の追求に従事する生」「名誉を追求する生」「金銭獲得を追求する生」といったように見解の相違があることが示されていた（I5）。そうした中でアリストテレスには、幸福の内実についての自身の定義を一般的な仕方で提示する（I7）に先立ち、予備作業の一環として、アカデメイアの立場（或いは今風に言えば学界における優勢見解の一つ）である善のイデア説を適切に処理しておく必要があったのである。[58]

ただ、善のイデア説批判がもつ意義は、そのような控えめな予備考察的意義、あるいは争論的意義にとどまるものではない。確かに、一連のアーギュメントの一部（特に後述の論駁DやFなど）は、プラトン自身のイデア論に対する反駁、あるいは、論敵の主張が事柄として重要であるがゆえの反駁というよりもむしろ、プラトン没後のアカデメイアにおける有力な論陣（すなわち一定の脚色が施された「プラトニズム」）に対する争論的な意味合いを有するものであるように思われる。[59]しかしながら一方で、一連のイデア説論駁（の少なくとも一部）は、私の考えでは、こうした意味合いを超えて、論駁の遂行が翻ってアリストテレス自身の説を表裏一体的に提示することを意味し、しかも自説の内実を——イデア説との対比を通じ自説を逆照射的に示す仕方で、或いは自身の探究を前進させる足がかりとする仕方で——効果的に明瞭化することになる、という積極的意味を多分に含んでいる。だからこそアリストテレスにとっては、執拗にアーギュメントを重ねることに一定の合理性と必然性があったのである。

このような見通し的了解のもと、次節ではまず、テクスト内在的な基礎作業として、当該箇所における各アーギュメントの論理構造を再構成的に整理し、論駁の見取り図を示したい。こうした基礎的すぎるとも思われる作業が必要なのは、アリストテレスのテクストの多くがそうであるように、論述のあまりの圧縮的・非説明的性格のゆえにその内容が不明瞭で理解困難であるため、可能な限り明瞭な仕方で読み手が理解可能な形に（ただしできるだけバイアス抜きに）議論構造を再構成し、私の理解を提示しておきたいからである。そしてその上で、論駁を通じて析出できると思われるアリストテレス自身の主張内容に関して、その整合的理解をめぐる困難の解消をも試みつつ検討していきたい。そこでは特に、いわゆる「善の多義性」をめぐるアリストテレスの立場に焦点をあてて考察を進めたい。というのも、果たしてかれはイデア論の提示する善の一義説に対置させて「よい」という述定のあり方をどう特徴づけているのかという点にこそ、かれの積極的主張が示唆されると同時にテクスト解釈上の問題も多く見出されるからである。そうした考察を通じて私が提示する理解の見通しのみをここで予示しておけば、アリストテレスがコミットする「善の帰一的多義性」という知見は、「幸福論としての倫理学」というアリストテレスの企ての枠組みの中でこそ合理的に十全に理解可能であり、かつその企ての内実と意義を明確化せしめるものとして機能しているものである。ともあれまずは以下において、議論の整理と分析を地道に遂行することからはじめたい。

2. 論駁の骨子と各アーギュメントの詳細

アリストテレスは、批判の対象となる意味での「善のイデア」説を、次の二点を核心とする仕方で定式化している（E.E.I8, 1217b2-16）。

（1）あらゆるよき事物のなかで、善のイデアこそ最もよきもの（最高善）である。（→「最高善」テーゼ）

（2）善のイデア以外のあらゆるよき事物は、善のイデアを分有する――善のイデアのよさの分け前に与る（metechein）――ことによってそれぞれのよさを成立させている。（→「分有」テーゼ）

これら2つの論点を、幸福論の文脈におけるアリストテレスの議論との対比を意識してパラフレーズすれば、次のようになろう。

(1') 善のイデアこそ「最高善」の内容である。善のイデアについて知を獲得すれば最高善を認識したことになり、ひいてはその人は「幸福」な生を送っている――よく生きている――ことになる。また、あらゆる善に関して、その認識を事とするのは、イデアを把握する学(=真の哲学)という一つの学のみである。

(2') あらゆるよきものの「よさ」は、善のイデアのよさ(完全なよさ)を不完全ながら共有する(善のイデアを真似る)ことを原因とするがゆえに、「よい」は一義的である。一義的である「善のイデア」の意味を把握すれば、あらゆる善の意味を理解したことになる。

こうした善のイデア説に対し、アリストテレスが一連のアーギュメントを通じて最終的に示そうとするのは次の二点、すなわち(i)善のイデアは存在しない、(ii)その存在を譲歩的に反実仮想しても、人間のよき生と行為を考察対象とする学(倫理学)においては無用な概念である、ということである(E.E.I8,1217b20-25)[60]。アーギュメントの数についてはどこまで細分化するかで解釈が異なり得るであろうが、以下は、『ニコマコス倫理学』を基本としつつ、それを『エウデモス倫理学』と相補的に対照させるという仕方でパラフレーズし、可能な限り明瞭な仕方に各論駁を再構成し列挙的に整理したものである。(論駁のいくつかはこうした対照作業抜きには議論の意味が摑みかねるほど非説明的で不明瞭である。)それらは計八つの主要論駁(A~H)から成る。論駁A~Dは基本的に善のイデアの不在(i)を、E~Hは善のイデアの無用性(ii)を示そうとするものである。(なお、次節以降の分析で特に検討の対象とする論駁をのぞき、コメントが必要と思われるものには本論或いは註で附しておいた[61]。)

A(E.N.1096a23-29, E.E.1217b25-35):「よい」(to agathon)は、「ある」(to on)がそうであるのと同様、カテゴリー

横断的であり、多義的に語られる。例えば神や知性は実体のカテゴリーにおいて語られ、卓越性（aretê）は性質において、適度は量において、有益性は関係において、好機は時において、住居は場所において、「よい」と言われる。ところで、イデアは一般概念を個物から超越化させたものである以上、もしそれが存在するとすれば単一のカテゴリーにおいてであるはずである（「人間」は実体のカテゴリー、「大」は量のカテゴリーというように）。このことは、「よい」にみられるカテゴリー横断性と矛盾する。ゆえに（他のイデアはともかく）「善のイデア」は存在しない。

B（E.N.1096a19-23, E.E.1218a1-9）：「よい」はカテゴリー横断的であるばかりでなく、諸カテゴリー間には、「ある」の場合と同様、実体以外のカテゴリーが実体のカテゴリーに依拠している（実体との関係において pros hen 語られる cf. e.g. Met. Γ 2）という序列関係（帰一的構造）が存在する。ところで、イデア論者によれば――或いは事柄として（E.E.）――、当該概念が属する個別事例間に本性的な序列関係（先後関係）が見出されるケース（例えば「複数倍」）については、イデアの存在は認められない。なぜなら、当該の系列において最も先なるもの（例えば2倍）とは別に当該系列の支配原理（イデア）を超越的な仕方で設定することになるからである。とすれば、イデア論者にとって（さえも）――或いは事柄として――善のイデアは存在しない。

C（E.N.1096a29-34, E.E.1217b25-40）：イデア論者によれば、一つのイデアには一つの学知が存在する。よって、善のイデアを分有することでよさを成立させているところのあらゆるよきものどもについても、それらは単一の学的領域によって認識されることになる。しかしこのことは、事実に反する。すなわち、カテゴリーを異にする事柄（例えば好機と徳）の認識が異なる学によることはもちろんのこと、同一カテゴリー内における一つの概念、例えば「好機」についてさえも、戦争に関しては統帥術が、病気の治療に関しては医術がというように、複数の学・技術がその認識を担っている。

D（E.E.1218a15-33, cf.E.N.1096b5-9）：一部のイデア論者は、「善のイデアは数（1）である。個々のよきもの（例えば健康）は一種の秩序（数）である。ゆえに個々のよきものはイデアを――個々の数が1を希求するといった仕方で――原因とする」という論法により、善のイデアの存在およびそれと個々のよきものどもとの関係性を主張する。しかしこの主張は、次の諸点からして誤りである。

（ⅰ）「われわれに不可知なもの（善であるとは通念上認められていない〈1〉のよさ）から可知的なもの（「健康」「節制」など通念的によいと見なされている事柄のよさ）を説明する」という議論の順序が、本来あるべき（とアリストテレスの考える）一般的探求順序に逆行する

（ⅱ）不動のもの（数＝個々のよきもの）には「欲求」は存在し得ない

（ⅲ）「個々のよきものはそれに固有の善を（例えば眼は視力を、身体は健康を）希求する」という事実真理にこの主張が反している。[62]

E（E.N.1096a34-b5, E.E.1018a9-15）：仮に「人間そのもの」が存在するとしても、それは「（一般概念としての）人間」と説明言表（定義）を共有するであろう。（例えば「人間」＝「理性的動物」）「善そのもの」と「善」についても然り。だとすれば、「人間」と「人間そのもの」は、そして「善」と「善そのもの」は、それぞれ「人間である」点と「よい」点に関しては変わりないはずである。さらに、「善そのもの」に永遠性という属性を与えたとしても、個々の善より一層よいことにはならない。それは「短期間そうであるだけの白」と「永久にそうである白」が白であると

いう点において変わりがない——後者の方が「もっと白い」などあり得ない——のと同様である。以上からすれば、「そのもの」という表現は一般概念に空虚に付加しただけの余計なものに過ぎない。[63]

F（E.N.1096b8-26）：善のイデアと同義的にそのよさが語られるのは、それ自体として追求されるもの（自体的善）のみであり、残余のよきものは自体的善に到達するための手段的有用性を有するという意味でそう呼ばれるに過ぎない、と譲歩したとする。この場合、善のイデアと自体的善の関わりに合理性があれば善のイデアが認められ得ようが、そこで考えられる選択肢としては、

（i）善のイデアのみが「自体的善」である

（ii）「自体的善」は〈善のイデア〉と〈自体的によいと一般に考えられている事柄（例えば思慮、見ること、快、名誉 etc.）〉の総和であり、後者が前者を分有する関係にある

という2つの可能性がある。一方（i）の場合、イデアの設定はそもそも無用である。他方（ii）の場合、もし分有関係にあるなら、後者の各事例（快、名誉、見ること）の説明言表には、善の説明言表が同様に含まれている必要がある。（白鉛にも雪にもその説明言表には白さの説明言表が含まれているように。）しかし実際は、各事例の説明言表は、それらが「よい」という限りにおいてさえも異なっている。したがって、どちらの選択肢を採ったとしても不条理である。ゆえに善のイデアは存在しない。[64]

G（E.N.1096b31-35, E.E.1218a38）：個々のよきものどもに共通に述定されるところの「よい」（よさ）が、「よさそのもの」として個々の事例から超越的に存在（離存）しているとすれば、仮にそれが何らかの仕方で存在しているとしても、人間にとって行為不可能・到達不可能な、空疎な概念である。イデア論者は善のイデアを最高善と

同定するが、しかし人間の生における最高善とは、人間のあらゆる行為の究極的目的となる、すなわち人間にとって到達可能なものであるはずである。

H（E.N.1096b35-13, E.E.1218a33-37）「善のイデアはたとえ人間にとって到達し得ないとしても、具体的諸善を追求するさいの模範（paradeigma）として有用であり得る」と譲歩したとする。しかしこの考えは、事実に反する。例えば機織り職人も医者もそれぞれの営みにおいて「善のイデア」を参照したりはせず、一方機織り職人は「この織物のよさ」を、他方医者は「この患者の健康」を――つまり具体的状況の中での個別的よさを――追求する。

3. 善の多義性と帰一的構造――主要二論駁の分析

さて、以上八つのアーギュメントのうち、事柄として最も重要でありしかもアリストテレス自身の立場が積極的に示唆されていると考えられる論駁は、先に示した「善の一義説」を正面から否定する論駁、すなわち「よい」の多義性を論点とする二つの論駁（論駁AおよびB）である。重複するが圧縮して再整理する。

（A）「よい」のカテゴリー横断性：「よい」は、「ある」と同様カテゴリー横断的に語られる。神や知性（theos kai nous）は実体のカテゴリーにおいて、卓越性は性質において、適度は量において、有益性は関係において、好機は時において、住居は場所において「よい」と言われる。ところで、イデアが仮に存在するなら単一のカテゴリーにおいてであるはずだが、このことは「よい」のカテゴリー横断性と矛盾する。ゆえに善のイデアは存在しない。

（B）「よい」にみられる帰一的構造：諸カテゴリー間には、「ある」の場合と同様「よい」に関しても、実体以外のカテゴリーが実体のカテゴリーに依拠している（実体との関係において語られる）という序列関係（帰一的構造）が存在する。ところで、同一概念が属する個別事例間に本性的序列が見出される場合（例えば複数倍）は、当該系列の最初のもの（例えば2倍）とは別に当の系列の支配原理（イデア）を認めてしまうことになるので、イデアは設定され得ない。よって善のイデアは存在しない。

以上二つのアーギュメントから析出できるアリストテレスの立場は、(1)述定「よい」のカテゴリー横断性と(2)カテゴリー間における帰一的構造――実体における「よい」が第一義的な意味での「よい」であり、残余のカテゴリーにおける「よい」はそれとの関係においてそう言われるという知見――である。ただし、論駁Bについては、少なくとも『ニコマコス倫理学』においては小前提を論敵の立場として提示した上で結論を導いているため、一定のアド・ホミネムな性格を帯びている点に留意するべきであろう。しかし、「よい」における先後関係の存在（大前提）そのものは論敵のテーゼ（小前提）を提示する前に措定されている以上、帰一性の知見そのものを論敵の立場と考えることは合理的ではない。そしてなによりも、カテゴリー横断性と帰一性の主張は、アリストテレスにとっては、次に示すように一般存在論の学としての成立に関わる核心的テーゼであり、同じ枠組をここでも適用していると考えることは妥当であろう。

『形而上学』の対応箇所において、かれは次のように主張している。

「「ある（to on）」は多くの仕方で語られるが、ただし同名異義的にではなく、或る一つのもの・単一の本性〔実体〕との関連において語られる」（Γ2, 1003a33f）。

「［ある］は〔カテゴリーの数だけ〕多くの仕方で語られるが、それら〔諸々のカテゴリーのうち〕第一義的な意味での「ある」は、実体を意味表示する限りでの「何であるか」である」（Z1, 1028a13-15）

つまり、実体（ousia）としての「ある」（例えば「ソクラテスである」「人間である」）は最も優れた仕方での「ある」である一方で、その他のカテゴリーは、「色白である」（性質）「長身である」（量）がそうであるように、「実体としてのある」との関係において二次的に語られる「ある」であるとされる。そしてこの主張は、「健康的（hygieinon, 英語で言えばhealthy）」という形容詞に見出される事態と類同化される（1003a34ff.）。すなわち、「健康的」という述定は「（健康な）人間」だけでなく「食物（例えば野菜）」にも「顔色」や「尿」にも適用されるが、「人間」への述定は健康の所有者という意味における適用である一方、「野菜」は健康をもたらす要因として、「尿」や「顔色」は健康の徴として適用されるものである。つまり、「健康的」という述定は健康を所有する人間において最も端的な仕方で語られる一方で、その他のものにおいては健康な人間を所在とする「健康」との関係において述定可能となるという差異が存在する。この「健康的」の事例との類同化によって「ある」を理解するとき、（1）実体こそが最勝義の存在であること、そして、（2）「健康的」という述定が適用される諸事象を「医術」という単一の術が扱い得るのと同様に、本来的に多義的・多様な「ある」に関して実体論（実体とは何かの探究）という単一の学が扱い得るということが了解される。

さて、とするとアリストテレスは、以上の帰一性理論を、評価語である「よい」についても当てはまると考えていることになる。しかしここで疑問が生じる。すなわち、果たして以上の議論に、「よい」のケース（一般化すれば倫理学的事象）がどのような仕方で類同化されているのか。アリストテレスは論駁Aでカテゴリーごとに（かれの通常の論述スタイルから考えれば相当多くの）事例を挙げているが、果たしてそれらの間に如何なる仕方で帰一性構造が成立し、またいかにアリストテレス自身の立場と関連しているのか。この疑問を以下で検討したい。

さて、挙げられた事例のうち特に問題となるのは、「実体におけるよきもの」として挙げられた「神（theos）」である。あらゆる個々のよきものが、神におけるよさとの関係において二次的・派生的な仕方で「よい」と語られるとは、果たしてどう理解すればよいのか。「神のよさへの参照のもとにわれわれ人間における諸々のよさが語られる」などという考えは、われわれの日常の場面における事実から考えれば不可解であろう。

まず、ここで言われる「神（theos）」が「知性（nous）」と併置されていることに注意したい。すなわち、まず状況証拠的に言えば、残余の事例（有益性、適度など）が各カテゴリーと一対一対応的に提示されていることから判断すれば、実体に関する事例についても、等位接続詞 kai は二詞一意的或いは換言的に「神的知性」或いは「神すなわち知性」という仕方で用いられていると読むのが自然であろう。[65] このように解するとき、ここで言われる〈実体としてのよさ＝第一義的なよさ〉が何を内実とするかに関し、一つの見通しを与えることができる。すなわちここで注意したいのは、「神は、一方実在のレヴェルにおいては完全存在者であり他方価値の次元においては最高度に善なるもののことである」という一般的な理解が想定されているわけではない――ましてや信仰の対象としての人格神が想定されているのでもない――ということである。むしろここで想定されているのは、「知性（nous）」のみを純粋に発揮させた「観想活動（theôria）」であるように思われる。すなわちそれは、『ニコマコス倫理学』最終巻において、人間にとって「もっとも幸福な生」に値する活動の内実として提示されるものである。観想活動は、有限者のうち人間のみが独自的に有する魂の部分である知性を、それのみによって自足的な仕方で（すなわち他の助けを借りずに）卓越的に発揮させる活動であり、[66] あらゆる活動のなかで「もっとも神的なもの（theiotaton）」という表現が附される（E.N. X7-8. esp. 1177a12-22）。

つまり、〈実体としてのよさ＝第一義的なよさ〉とは、他ならぬ「幸福」（eudaimonia）が有するよさのことである。というのも「幸福」とは、衆目の一致するところでは、人間におけるあらゆる行為——つまり、アリストテレスによればともかく何らかの意味において「よさ」をめざす営み（I1,1094a1-3）——が、究極的にはそれを目的としているところのそれ（生の究極目的＝最高善）を意味する概念だからである（I4,1095a17-20）。ここで言う「究極目的としての幸福」とは、人間の諸行為における手段——目的連鎖の最上位におかれ、それ以上さらなる上位目的を必要としない目的のことである（I2）。（さしあたり説明的にパラフレーズしておくことが許されるならば、日々の個々の営みに関し、確かに日常においては自覚的ではないにしても「その行為はよくよく突き詰めてみれば何のためだと言えるか」を反省したさいにそれがそうであると人が答えざるを得ないような究極的概念である、と表現できるであろう。）以上からすれば、人間における生の営みに存するあらゆる「よさ」は、つきつめればその根底において、幸福としての「よさ」への参照を伴う仕方で存在していることになる。そしてアリストテレスは、当該箇所ではあくまで説明抜きの例示としてではあるが、〈神＝知性〉を〈最勝義のよさ＝最高善〉の内実（幸福な生の中身）として措定し、ひとまず自らの基本的な立場を示しているのだと思われる。ただし、これはあくまで幸福の内実の例示だと位置づけてもよい。すなわち、内実に相当するものとして何が最もふさわしいかの断定が当該議論における狙いではなく、各人がさしあたり自分の描く幸福の内実を挿入したとしても当該の論駁そして帰一性図式そのものは成立するように議論が進められている。すなわち、この論駁を通じてアリストテレスが（自身の立場の表明という形で）狙いとしたのは、幸福の内実をブラックボックスとすることをひとまず認容したうえで、幸福としてのよさ（最高善）と人間の個々の活動に存するよさの間に見出される帰一的構造を指摘することで、人間の生の場面においてきわめて多様性に満ちている「よさ」に関し、「幸福論」という形で包括的な考察が可能である、という知見を示すことであった。この知見は、世界において多様なあり方をみせるあらゆる存在者に関して「実体論」という形で包括的な学的営みが成立し得るという、一般存在論におけるアリストテレスの立場と類比的である。

実体以外のそれぞれのカテゴリーにおける「よさ」、例えば適度（量）、卓越的性格（性質）、好機（時）は、それぞれのカテゴリーにおける個別領域的認識が可能である一方で、それが人間の生に関わるものである限りにおいて、究極的には人間の幸福への参照のもとに捉えることもまた可能である。このことは、『形而上学』において「ある」の帰一性を読み手に理解せしめるために提示された「健康的（hygieinon）」のケースにおいて、個々の事例（例えば野菜、体操、顔色）が（栄養学、体育術、色彩論というように）領域限定的に把握可能である一方で、「医術」が健康にかかわるそれら多様な事象を統括的にフォローしもするという事態と平行的に考えることができよう。

以上のように考えると、アリストテレスが当該議論で「ある」と「よい」の平行テーゼを提示したことの意味がさらに踏み込んだ仕方でみえてくる。すなわち「実体」と「幸福」の平行性は、それぞれ「最勝義の存在」「最高の善」であることは確定的であるものの、いざその内実を問う場面では（通念的にも学問レヴェルにおいても）多様な候補が考えられ速断できない事態に陥るという困難がみられるということにも及んでいる（cf. E.N.I4,1176b20-28）。[67]

ところで、「よい」をめぐる以上の帰一性構造を、「幸福な生」の内実についてのアリストテレスの立場をめぐる周知のアポリアと照らし合わせるとき、一定の知見が得られる。そのアポリアとは、既述の通り『ニコマコス倫理学』第10巻では純粋に知的な「観想活動」こそが幸福な生の内実に最もふさわしいと主張されている一方で、『ニコマコス倫理学』および『エウデモス倫理学』全体の論調としてはむしろ、純粋な知的徳のみならず、勇気や節制など、感情や欲求を知的・合理的な仕方で働かせることのできる傾向的能力としてのさまざまな性格的徳（êthikê aretê）を社会の中でひろく発揮するという複合的な生が幸福な生とみなされている、ということの整合性をめぐるものである。[68] ここでこのアポリアそのものを主題的に解決することはここでの私の考察の趣旨ではないが、少なくとも、一見対立するこれら二つの見解は、これまで確認した帰一性図式の中に当てはめて考える限りにおいてはそれぞれの位置を与えられるであろう。すなわち一方、純粋な観想活動は、アリストテレスの考えでは実体のカテゴリーにおける「よさ」であり、原理的に言えば、最勝義の善にして幸福そのものである。他方、社会の中で人間固有の様々な性格的徳を働かせつつ営まれる諸活動は、それぞれのカテゴリーの文脈において実行される生の多様な営みに相当すると言える。ただしアリストテレスによれば、社会におけるこれらの諸活動が幸福な生に寄与しうるものとなるのは、それらが人間の知的能力の発現を常に伴ってなされる限りにおいてである。すなわちそれらの活動は、常に知性への言及を伴う仕方でのみ人間の生においてよきものとして成立している。純粋な観想活動と残余の社会的諸活動には、このような位相の違いが認められる。

観想的生を複合的生に勝るものとアリストテレスが考えていたことは、観想的生を「最も幸福な生」（1178a8）と明言するほどの第10巻の強い論調を考えれば否定できまい。ただしこれはあくまで原理的・理念的な話であると言うことはできよう。そもそも、純粋な観照活動のみに従事した営みを貫徹できるのは神（＝純粋知性）のみである。これに対し人間は、有限にして不可避的に身体を伴い、しかも社会の中でしかその生を保持できないという固有の本性を有する存在者である（cf. I7, 1097b11）ため、観想活動を十全な仕方で（すなわちそうした営みが本来もつ自己充足性を完全に満足させる仕方で）遂行し尽くすことはできない。むしろ人間は、そうした完全な営みを模倣するかのように、不完全ながらも自身の可能な範囲において生のなかで遂行していくより他ない。だが、人間における「幸福」とはそれだけで当人の（しかも社会の一員としての当人の）生が完全に満たされる自足的なものであるはずである以上（I7, 1097b8-21）、そうした不完全な観照活動ではこの自足性条件を満たすことは人間には実際のところ不可能であろう。とすれば、人間がその本来的な持ち前の範囲内で到達し得る限りでの最善の生（幸福な生）とは、観照活動への可能な限りでの従事を理想としながらも、その不十分さを補う仕方で、社会の中での諸活動においてさまざまな徳を、常に知性を伴いながら発揮させた生（複合的生）を営んでいく、ということになるのではないだろうか。

4. 善のアナロギア

ここで、以上の考察に伴って不可避的に生じる新たな解釈上の問題を取り上げたい。「よい」の多義性をめぐる以上のような帰一的理解は、当該テクストの整合性を考えるとき、一つの厄介な問題を伴う。というのもかれ自身、『ニコマコス倫理学』第1巻第6章における一連の論駁をおおむね経た後の総括的な考察として、次のように発言しているからである。

「では、〔「よい」は〕いかなる仕方で語られるであろうか。というのも、〔一義的でないことは以上の論駁で示した通りであるにしても、〕闇雲に同名異義的に語られるとは思われないからである。そうではなく、一つのものを由来とする(apo henos)ことによって、あるいはすべて〔のよきもの〕が一つのものへと収斂する(pros hen syntelein)ことによって、あるいはむしろアナロギア〔類比〕によって(kata analogia)であろう(か)。つまり、身体においては見ることがあるように、魂において知性があり、またその他についても然りである」(I6, 1096b26-29)

「そうではなく……」以降の言明については、大抵のテクストにおいて文法上は疑問文である——下に述べる理由からすれば平叙文として読んでもなんら不自然ではないと私は考えるが、今はその点に固執しない——が、大半の訳本或いはコメンタリがそう理解しているように、私も基本的にアリストテレスが（断定を避ける慎重な仕方で）コミットしている箇所であると解する。というのもこれらの案は、善の一義性説に対する批判を概ね終えた後に、それに代わるものとして（しかも反論を伴わずに）提示されているからである。では、ここでアリストテレスが提示する見解とはなにか。まず、「一つのものを由来とする(apo henos)、或いは一つのものへと(pros hen)収斂する」

とは、これまでに確認した、〈実体としてのよさ＝幸福〉を「一つのもの」とする帰一性構造に言及したものであると考えてよいであろう。

しかし、問題は残る選言である「〈よい〉が類比によって(kata analogian)語られる」という見解(以降「類比テーゼ」と呼ぶ)である。読み手にとっては不幸なことに、アリストテレス自身は「これらについて詳しく論じるのは他の哲学〔おそらくは第一哲学＝形而上学〕により固有であるから、今は以上でほうっておくのがよかろう」(1096b30f)と述べ、考察を中断してしまっている(しかも、この留保が解かれる『形而上学』のテクスト箇所は、私の理解する限り残念ながら存在しない)。[69] そのためもあってか、この類比テーゼは従来、注釈において無視されてきたか、さもなくば単に帰一性の議論を別表現において指し示すものと解され、特段の注意が払われてこなかった経緯がある。[70] 帰一性テーゼと類比テーゼの類同化は、哲学史的には『形而上学』における「ある」の帰一性テーゼを発想の出自として有するところの、いわゆる「存在の類比(analogia entis)」という名称に起因している面が少なくないように思われる。[71] しかしながら、実のところアリストテレス自身は、自身のテクストにおいて帰一性構造に「アナロギア」という名称を附したことは一度もなく、むしろかれ自身が理解する「アナロギア」とは、〈A：B＝C：D〉という四項図式的な仕方で図式化できるような、(本来は量的ではあるが質的事象にまで適用が拡張された)「比例関係」(中世的語彙で表現すればanalogia proportionis、すなわちAとBにみられる関係とCとDにみられる関係の等しさ)を、少なくとも必要条件とするものである(e.g. Met. Θ6, 1048b6-8, E.N. V3, 1131a31-b3)。つまりいわゆる「帰属の類比(analogia attributionis)」は、アリストテレスの認めるアナロギアではないということである。また、帰一性構造と比例関係としてのアナロギアが異なる様式を有するということは、アリストテレスによるテクスト上の言及の有無という問題以前に事柄として明らかであろう。というのも、〈人間：健康〉の関係は〈尿：健康〉の関係と、〈実体：存在〉の関係は〈色白：存在〉の関係とそれぞれ同一ではない以上、「健康的」の事例も「ある」

の事例もアリストテレスがアナロギアに求める四項比例図式を保持していない。これは、実体における存在と残余のカテゴリーにおける関係性の違い（「よい」のケースで言えば例えば〈知性：よい〉と〈適度：よい〉の関係性の違い）こそプロス・ヘン構造の核心であることを考えれば、当然のことである。

とすればわれわれとしては、ここで言われる「善のアナロギア」の内実を、善の帰一的構造とは別の仕方で、しかも――アリストテレスが両者を併置する以上――可能な限り帰一的構造の主張と両立する仕方で、探るしかない。典拠上の直接的な元手となるのは、説明抜きに提示された例「身体においては視覚があるように、魂において知性がある（hôs en sômati opsis, en psychê nous）」（1096b28f）のみである。この言明の意味を最もトリビアルに解するならば、この事例（〈身体：視覚＝魂：知性〉）は単に四項比例図式なるものを（つまり「アナロギア」とは「比例関係」のことであることを）読み手に理解させるための単なる「たとえ」であるということになろう。しかし、当の議論の文脈が「よい」の多義性の内実を示そうとするものであり、しかもそもそも「よい」という論点抜きにはこの四項事例をまさに比例的なものとして理解し難い以上、アリストテレスのコミットする「よい」の事例としてこの四項事例が挙げられたということを疑うのは不自然である。

ここで、アリストテレスが理解しそして論考において実践する「善のアナロギア」に相当すると考えられる主要なものを、三つの観点において整理したい。

（i）「機能」と「よさ」の相関をめぐるアナロギア：いかなる存在者も、その存在者としての「よさ」は、当の存在者が独自的に有する機能（ergon, function）に存する。例えばハープ奏者はハープ演奏のうちに、身体器官（例えば眼）のよさは当該の機能（例えば見ること）のうちに、それぞれのものとして（すなわちハープ奏者として、身体器官として）の「よさ」が見出される。これと類比的に、（魂を伴うものとしての）人間にも、その独自的な心的機能が存在するはずである。栄養摂取機能や感覚機能といった非固有的機能を捨象して行った末に残る、生物のうちで人間のみが排他的に有するところの心的機能とは、理性（logos）に他ならない。よって、理性を働かせること――理性そのものの活動、或いは何らかの意味で理性を伴った仕方での心的活動――のうちに、人間としての「よさ」が存在する。（I7, 1097b22ff, II6, 1106a18f）

（ii）「中庸」の基準をめぐるアナロギア：「身体におけるよさ（例えば健康、強健）」と「魂におけるよさ」は類比的である。例えば、身体における健康と強健は、それぞれ一方適度な飲食とトレーニングによって保持され、他方飲食およびトレーニングの過剰或いは不足によって損なわれる。これと類比的に、魂の卓越性、例えば勇気（andreia）も、一方しかるべき行為の反復によって形成・保持され、他方向こう見ずな行為或いは臆病な行為の反復によって損なわれる。（II2, 1104a12ff）なお、ここで言う「適度」「しかるべき」――つまりは「中庸（mesotês）」――とは、どれ位が適度な食事量かやどういう行為が勇気あると言えるかが個別的状況次第で（例えば「適度な食事量」はアスリートと事務職員で）異なるように、「算術的比例による中間」ではなく「われわれとの関係における中間（meson pros hêmâs）」（相対的・ケースバイケース的な中間）である、という点でも類比的である。（II6, 1106a24-27）

（iii）悪化と回復の非対称性、およびそれらに関する賞賛と非難をめぐるアナロギア：身体も魂も、悪い状態には自らの責任において（われわれの力の範囲内で epi hêmîn）比較的容易に――例えば一方身体の場合暴飲暴食の反復によって、他方魂の場合放埒な行為の反復によって――陥る。しかし、いったん悪い様態に陥るとそこからの回復は困難または不可能である。約言すれば、「悪化」と「回復」の非対称性に関して両者は類比的である。また、悪化の責任（あるいは悪化に対する非難）に関しても、当事者の力の範囲内にある場合にのみ当事者に帰せられる点でも類比的である（例えば事故による身体機能障害や、病理的な精神異常には、非難ではなく憐憫が当人に帰せられる)。回復・改善に対する賞賛に関しても然り。(III5. esp.1114a12-31)

以上のような身体と魂のアナロジーに対する、「果たしてアーギュメントとして成り立っているのか」「不当な類同化ではないのか」という、よくある類の論難はここではあえて措いておくとして、アナロギアによって示唆されるアリストテレスの倫理学上の立場のみを析出すれば、ロイドも指摘するように、倫理学の場面における善悪や規範を、単なる規約的・恣意的な性質のものでも一般的で不変的な性質のものでもないとする、中間的な立場を保持しているということになろう。[72] すなわち、自然科学的事象からの類比を提示すること自体は一定の自然主義的立場を垣間見せるものの、アナロジーの方法的意図ないし焦点としてはむしろ、とりわけ医療をベースに選定しながら類比を進めることにより、倫理的事象の状況依存性を示すという点にあると言える。行為をめぐる価値判断が多くの例外や逸脱を含む個別状況即応的な性格を有するものであることは、アリストテレスが再三強調するところであり(e.g. E.N. I3)、アリストテレスは善のイデア説批判の場面においても、例えば論駁H——この論駁自体でも身体アナロジーが用いられている——を通じて、人間の生における善が、不変的・一般的なものではなく、あくまで特定の状況の中で特定の個人において追求されるものであることを強調している。

以上のような〈身体—魂〉アナロジーを考慮するとき、第1巻第6章で説明抜きに提示された「身体においては見ることがあるように、魂において知性がある」という事例の意味も了解できよう。すなわち、この事例で言われる「身体」(sôma)とは身体器官(ここでは眼)のことであり、「見ること」および「知性」とは、身体器官としての眼および人間の魂が固有的に有する機能のことを指していると考えられる。この理解は、眼における「見る」という機能の卓越的であることが眼におけるよさであるとのアリストテレス自身の発言(1106a15-19)を考慮すればより合理的であろう。つまり、眼においては視覚という機能を十全に発揮させることが眼における「よさ」であるのと類比的に、人間の「魂」（別言すれば魂を保持する存在者としての人間）においては、生物の中で人間のみが排他的に有するところの知的能力を十全に働かせる——或いはその他の魂の部分についても理性を伴う仕方で働かせる——ことこそ、人間という存在者にとっての「よさ」である、ということである。このように考えると、第1巻第6章で言われる「善のアナロギア」とは、狭義的に言えば「善悪の概念の意味は〈機能〉という論点を機縁として身体的事象と魂的事象の類比により理解される」ということであり、広義的に表現すれば、「善悪や規範といった倫理的事象のもつ内実と性質は身体的事象に見られる諸属性からさまざまな仕方で類比的に理解可能である」ということになろう。いずれにせよ、善のアナロギアは、善悪や規範という概念の理解をめぐる方法論的な意味合いを多分に含んでいる。

以上のような理解にたてば、善のアナロギアは、アリストテレスによりそれと併置された「善の帰一性」テーゼとは、少なくとも齟齬をきたすものではないということが解る。両者には、人間の生の場面で語られる「よい」という概念に関してその存在構造の分析という観点からアプローチするのか、それとも概念理解に関する方法論的な観点からアプローチするのかという、アクセスの仕方の差異が見出される。その意味において、両テーゼはそもそも対立の有無が問われるような関係にはない。また、こうしたアクセス様式の差異を仮に度外視しても、どちらにおいても、人間の魂において知性を絶対的に優越視しその発揮をもっともよきこととする、アリストテレス倫理学の基本的立場が含意されており、その意味でも両者は親和的である。

5.　おわりに——善のアナロギアと幸福論としての倫理学

さて、かくして以上の考察によって、述定「よい」の位置づけをめぐるかれ自身の立場として、いくつかの点が浮上した。アリストテレスは述定「よい」に関して「様々な仕方で語られる」と述べ、基本的に、カテゴリー或いは個々の領域・文脈ごとの固有の性格を認めている。ただし、『形而上学』における「ある」をめぐる帰一的構造と一般存在論の成立可能性をめぐる教説を適用させる仕方で、「よい」をめぐる帰一性構造の存在を主張している。そこで考えられる実体としての最勝義の「よい」の内実は、人間の生の究極目的＝最高善としての「幸福」であり、人間の生における諸活動の場面で語られる諸々の多様な「よい」は、それぞれの文脈で語られる一方で、究極的にはその根底において幸福への参照を伴う仕方で存在している。幸福の内実についてのアリストテレス自身の立場は、その例示が示す通り最終的には「観想活動」であるが、議論の意図はさしあたりそこにはなかった。かれの立場はむしろ、何が幸福かをブラックボックスにしたままでも善の帰一性構造が成立し、多様な「ある」に関して実体論という形で包括的・統一的な学的営みが可能であるのと類比的に多様な「よい」に関しても幸福論という形で同様の営みが成立可能であるという、人間の生と行為に関する——多様性と統一性を共に保持する仕方での——学的成立可能性を示そうとするものであった。

一方アリストテレスは、善の一義的理解に対し、身体におけるよさと魂におけるよさの類比性（善の類比テーゼ）を主張するという仕方で、帰一性テーゼとは別の角度からの、善の多義性をめぐるもう一つの知見を提示している。従来両テーゼは混同されがちであったが、それらは、対立はせずかつ異なる観点のもとにそれぞれの主張の意図を保持している。すなわち類比テーゼは、狭義的には機能（ergon）概念を機縁として述定「よい」のもつ性格をめぐって提示されるものであるが、より広義的には、アリストテレスにとっては、人間の生にかかわる倫理的事象とそれを考察する学のもつ特殊な諸性質を説明するための方策として駆使されるという、方法論的な意味合いを有するものである。

第7章　三つの愛――愛の帰一性

1.　はじめに――三つの愛

さて、次に本章において扱うのは、アリストテレスが『ニコマコス倫理学』と『エウデモス倫理学』において展開する愛（philia）論である。誰か（或いは何か）を「愛する（philein）」という行為、そして「愛する」という行為を抽象名詞化した「愛（philia）」という概念、そしてその行為が成立している当事者を指示する語である「友（philos）」は、プラトン（の描くソクラテス）以来、古代ギリシア・ローマ世界における倫理学的探求あるいは人間探求の主要課題の一つであり続けたが、アリストテレス自身も、一見したところ自身の倫理学探求における或る種の傍論あるいは補論であると言いうるテーマであるにもかかわらず[73]、実際には詳細な考察を遂行している。その入念さは、例えば『ニコマコス倫理学』では全十巻中実に二つの巻（第8・9巻）が――すなわち一つのテーマを主題化した論考としては「幸福」のそれをさえも超えた最大の紙面が――割かれるほどである。そうした一連の議論では、愛の基本的規定（愛の成立要件の整理）、愛の種類とその優劣、様々な人間関係に応じた愛のあり方、愛の終結、自己愛といった多種多様なテーマがそれぞれ詳細に論じられているが、私がいまここで扱いたいのは、それらの中での最も基礎的かつ核心的な議論であるところの「愛の分類」をめぐる議論である。アリストテレスは、（例えば二者間における）「愛」の成立に関して「相手の善（利益）を願（いかつ現にそのように相手に対してふるまう）」という基礎的要件を設定し、そこに「それが相互的に成立」「互いがそれを認知」という付帯要件を追加する

（VIII2, 1155b27-56a5）。そしてその上で、この「相手の善の希求」が「なにゆえ（なんのため）になされるのか」という観点から、「（相手が保持する）徳ゆえの愛」「（相手が自分にもたらす）有用性ゆえの愛」「（相手が自分にもたらす）快ゆえの愛」という三つのケースを「三つの種類の愛」として設定し、その異同や優劣に言及しながらそれぞれの内実について議論している（VIII3-4）。本章では、この三種の愛の異同をめぐるアリストテレスの議論について、限定的ながらも一定の合理的かつ整合的な理解を試みるものである。問題の所在そのものは節を改めて提示することにするが、以下では、「帰一性」という論点を導入しながら三種の愛の異同を開示しようとするアリストテレスの議論について、愛論においてかれがまさにそうした議論様式を導入したことの意義を明らかにしながら合理的理解を試みる。そしてそれと同時に、アリストテレスの倫理学的営み全体の中で当該議論（或いは愛論）がいかなる位置づけを有するのかについても、一定の知見を最終的に提示してみたいと思う。以下ではまず、当該議論の合理的理解を阻む問題の所在を提示することを端緒に、議論を段階的に進めていきたい。

2.　問題の所在――三つの愛は帰一的関係にあるのか？

『エウデモス倫理学』第7巻で展開される愛論の中核をなす第2章においてアリストテレスは、有名な愛の三形態（徳ゆえの愛（善ゆえの愛）／有用性ゆえの愛／快ゆえの愛）を提示しつつ、それらの異同と関係性を主題的に論じている。そこでキータームとなるのが、「帰一性（pros hen）」と呼ばれる知見である（英語ではしばしばfocalityと呼ばれる）。この知見は、三者の関係性の内実を特徴づける表現として、アリストテレス自身が明示的にかつ複数回――おそらくテクニカルタームとして――提示するものである。つまり、「徳（卓越性　aretē）ゆえの愛」（有徳者同士が、相手の備える有徳性のゆえに相手の善を願いあう関係にある愛）が第一義的な愛である一方、残りの「有用性ゆえの愛」と「快ゆえの愛」（相手が自身にもたらしてくれる有用性や快のゆえに相手の善を願い合う関係にある愛）はこの第一義的な愛との関係において愛として語られるという（まさに帰一的な）関係性を、三種の愛が保持しているということである。そしてこの帰一的構造（プロス・ヘン構造）は、『形而上学』の実体論や、『ニコマコス倫理学』の善論（幸福論）でも導入されるものである。よって、『エウデモス倫理学』の当該議論に取り組む者なら、アリストテレスの思索において提示されるお馴染みの知見が典型的に適用された場面の一つであろう、という見込みのもとで諸愛の関係性を捉えようと試みるのは、自然で合理的なことである。

しかしながら残念なことに、そうした見込みはテクストを一瞥する限り容易に裏切られることになる。というのも、果たして三つの愛は如何なる仕方でまたなにゆえ帰一的関係にあるのか、という帰一性の具体的な内実が、少なくとも表面上は合理的に理解できないからである。

どういうことか。問題の箇所はこうである。

「かくして愛には三つの種類（eidê）があり、それらはすべてが一つのものに即して（kata hen）〔一義的な仕方で〕〔愛と〕言われるのでも、同一類の種差（eidê henos genous）という仕方で言われるのでも、全く同名異義的に（homônymôs）言われるのでもないということが必然である。というのもこれらは、或る一つの第一のもの〔第一義的な愛〕との関係において（pros mian tina prôtên）そう言われるからである。それはちょうど、「医術的（iatrikon, medical）」という語と同様である。すなわち、「医術的な魂」「医術的な身体」「医術的な器具」「医術的な処置」とわれわれは言うが、第一のもの〔第一義的に医術的なもの＝医術の所有者＝医師〕を、最も優れた意味でそう言う」（E.E.VII 2, 1236a16-21）

以上の言明で何が主張されているのかは、少なくともリテラルには明解であろう。すなわち、徳・卓越性ゆえの愛が「第一義的な愛」であり、残余の「有用性ゆえの愛」「快ゆえの愛」は「それとの関係においてのみ愛と呼ばれる愛」である。これら三種の愛はまさにこうした関係にあるのであって、（a）完全に同義でも、（b）（動物という類の中の有血動物と無血動物のように）「同じ上位類に属する種差」という関係にあるのでも、また（c）「箸」と「橋」のような同名異義的関係にあるのでもない。そしてこの帰一的関係は、医術の保持者である「医師」を第一義的な「医術的なもの」とし、残余の「医術的な」と形容される事例（「医術的器具」や「医術的処置」）をそれ（医術を所有する医師ないし医師の保持する医術）との関係によって語られるものとするケースによって、類比的に説明されようとしているわけである。

問題はここから、すなわち「帰一的関係」とはどのような意味内容或いは構造を有し、三種の愛はその構造にどう当てはまるのかである。アリストテレスはこう明示的に規定する。

「ところで、ここで言う〈第一のもの〉とは、それの説明言表（logos）が他のすべての説明言表の内に含まれる、そうしたもののことである。例えば、「医術的器具」は医師が使用するであろうものであるが、医師の説明言表の内に〔医療〕器具の説明言表は含まれない〔が、その一方、医術器具の説明言表の内には医師の説明言表が含まれる〕」（E.E.VII 2, 1236a21-23）

これが「帰一的構造」の内実であるとされる。これが果たして帰一性一般を定義的に説明したものなのかどうかは脇に置くとして、ひとまず帰一的構造が成立する必要条件を示したものであるという程度に捉えておこう。まず、「医師」と「医術的器具」との関係は自然に了解できる。すなわち、一方「医術的器具（例：鉗子）」の説明言表（例：

これこれの治療のために医師が使用する道具である）には「医師」の説明言表（例：患者を治療する技術すなわち医術の所有者）が内在しているが、他方医師の説明言表には医術的器具のそれは内在していない。別言すれば、「鉗子」を知らない者に対して「医術」への言及抜きにそれを説明することは不可能だが、「医術」を知らない者——いたとすればだが——に対して「鉗子」への言及抜きにそれを説明することはもちろん可能である。

しかしながら、「徳ゆえの愛」と例えば「快ゆえの愛」の間に、こうした関係が成立しているようには思えない。[74] 確かに、「最も優れた意味での愛」と「二義的・従属的な意味での愛」という対比だけを取り出せば、そうした対比は、徳ゆえの愛と残余の愛の優劣について多くの人々が直観的に有すると思われるイメージに沿ってはいる。しかしながら、「徳ゆえの愛」の定義に「快ゆえの愛」の定義が含まれないことはさしあたり認め得るとしても、後者の定義に前者の定義が含まれていなければならないと考えるのは無理がある。例えばだが、有徳でない者同士にも快ゆえの愛は成立するという（アリストテレス自身も認める）事実真理を想起すればよいだろう（cf. 1236b11-18）。

このように、「医術的」のケースから「愛」のケースを類比するアリストテレスの試みは、テクストを一瞥する限り、内容的にも、また議論がなにを意図しているのかに関しても不可解である。そしてさらに不可解なのは、かれが類比・類推の起点（ベース）となる「医術的」のケースについては一定の解説を加えている一方で、類推のゴール（ターゲット）となる肝心の愛のケースについては、特段の解説もなく「「医術的」の場合と同様である」と言い放たれるだけだということである。

3.　問題はいかに対処されるべきか

ではわれわれはどう対処すべきか。容易と思われる一つの方法は、この議論はやはり実際に不完全である（或いは破綻している）と見なすことである。そしてこの対処の仕方は、『ニコマコス倫理学』の関連箇所（VIII4）ではプロス・ヘン構造への明示的な言及がないという事実と重ね合わせることで、ある種の発展史的な解釈と結びつけることも可能である。すなわち、アリストテレスは『エウデモス倫理学』の段階では帰一性の議論を導入してみたものの、その困難を自覚して『ニコマコス倫理学』では結局それを放棄した、というタイプの解釈である。例えばフォーテンボーは、『エウデモス倫理学』における愛の帰一性に関する解説の欠如と、『ニコマコス倫理学』における帰一性への言及の不在をそれぞれ、帰一性概念を愛概念に適用することの「失敗」と「破棄」を意味するものだとみなす。その上で、『ニコマコス倫理学』では諸々の愛がそのゴール・機能に応じてそれぞれ定義され、〈善〉:〈善ゆえの友〉＝〈快〉:〈快ゆえの友〉＝〈功利〉:〈有用性ゆえの友〉といったアナロジーが成立するという意味での類似性が三種の愛に認められていると解する。すなわちフォーテンボーの理解によれば、有徳者間の愛においては「相手の善」が、快ゆえの愛においては「自身の快の充足」が、有用性ゆえの愛においては「自身の個人的利益の実現」がそれぞれ目的とされ、各愛がそれぞれの機能に応じて定義されている。またかれは、三種の愛の「類比」を、各種の友にとってそれぞれの目的が「善い」ものであるという点を通じて成立すると解している。[75] こうした処理の仕方は、『ニコマコス倫理学』で明示されるのは三者の「類似性」（homoiotês, 1157a32）だけであるだけに、さしあたりは一定の合理性を有しているように私には思われる。

しかしながら一方で、なにか——比喩的な表現が許されるなら——消化不良的な対処法であるともいえないだろうか。というのも、とにかくアリストテレスは、三種の愛がプロス・ヘン構造を有することを再三明示し、しかも「医術的」ケースからの類比的説明という、帰一性の議論にお誂え向きの議論手法を導入しているのは確かだからである。この事実は、そう安易に低く見積もられるべきものではないだろう。確かに、ロゴスの包含関係の非対称性という論点を愛のケースに適用するのは不可解ではあるが、しかしアリストテレス自身はこの点について解説せず沈黙していることも確かである（つまり、「沈黙」しているだけで「解説が破綻」しているわけではない）。しかもこの点は、必ずしも帰一性の「定義」とまでは見なさず、必要条件の一つに過ぎないと捉えても支障はないであろう。とすれば、もし次の三つの条件が満たされればどうであろうか。

（i）われわれの側の（恣意的でない）肉づけによって、三種の愛の内に帰一的な構造をアリストテレスらしい仕方で認める——つまりかれが理解するプロス・ヘン構造の一般的な特徴づけを何らかの仕方で満たすことを確認する——ことができる。

（ii）「ロゴスの包含関係の非対称性」という条件（すなわち『エウデモス倫理学』で提示される帰一性の成立要件）を合理的にクリアできる。

（iii）関連テクスト（帰一性が導入される他のテクスト、および『ニコマコス倫理学』の愛論における関連箇所）との整合性が確保される。特に、『ニコマコス倫理学』における homoiotês という知見との調和が確保される。

もし、これらの条件が満たされるような読みが可能なのだとしたら、われわれとしてはまずはそれを探ってよいのではないだろうか。私としては、まずはそうした（一種の principle of charity に則った）可能性を探ってみたいと思う。すなわち、他の方策を考えるのはこうした読みの頓挫を確認した後でもよいのではないかということである。

4．帰一的構造の基本的特徴——「第一事例」と「鍵概念」

そうした見通しのもとでやはりまず注視すべきは、「そもそも帰一的構造（プロス・ヘン構造）とは何か？」ということであろう（特に条件Aを鑑みるならば）。すなわち、この構造が主題的に提示され、この構造が適用される各場面を理解するための参照軸として機能するような議論、つまりは『形而上学』（Γ、Z巻）における「ある」

のプロス・ヘン構造への注視である。諸々の「ある」の間に見出される帰一的構造とは次のようなものであった。

「「ある（to on）」は多くの仕方で語られるが、ただし同名異義的にではなく、或る一つのもの・単一の本性〔実体〕との関連において語られる」（Met. Γ2, 1003a33f）。

「「ある」は〔カテゴリーの数だけ〕多くの仕方で語られるが、それら〔諸々のカテゴリーのうち〕第一義的な意味での「ある」は、実体を意味表示する限りでの「何であるか」である」（Z1, 1028a13-15）

実体（ousia）としての「ある」（例：「ソクラテスである」「人間である」）は最も優れた仕方での「ある」である一方、残余のカテゴリーは、「色白である」（性質）「長身である」（量）がそうであるように、「実体としてのある」との関係において二次的に語られる「ある」だとされる。そしてこの主張は、「健康的（hygieinon, healthy）」という形容詞に見出される事態と類同化される（1003a34ff.）。すなわち、「健康的」という述定は「（健康な）人間」だけでなく「食物（例・野菜）」にも「顔色」や「尿」にも適用されるが、「人間」には「健康の所有者」という意味で適用される一方、「野菜」には「健康をもたらす要因」として、「尿」や「顔色」には「健康の徴」として適用される。つまり、「健康的」という述定は健康を所有する人間において最も端的に語られる一方、残余のケースでは、健康な人間が保持しているところの「健康」との関係において述定可能となる。この「健康的」の事例と類比的に「ある」を理解するとき、実体こそが最勝義の存在であること、そして「健康的」という述定が適用される諸事象を「医術」という単一術が扱い得るのと同様に、本来的に多様な「ある」に関して実体論という単一学が扱い得ることが了解される。

この議論を、『エウデモス倫理学』の当該議論とどう照らし合わせることが可能か。まず言えるのは、形容詞「医術的（iatrikon)」は、「健康的（hygieinon)」と極めて親近的な用語だということである。そして、『エウデモス倫理学』で提示される五つの事例（医師／身体／心／器具／処置）も、アリストテレス自身の解説を欠くものの、読み手の歩み寄りによって「健康的」の事例と並行的に捉えることが可能である。すなわち、「医術的」という述定は医術を所有する「医師」において最も端的に語られる一方、残余のケースにおいては、医師の所有する医術との関係づけにより初めて「医術的」という述定が可能になる（「器具」や「身体」は「医術の実現の道具」、「処置」は「医術の遂行活動」というように）。

となると問題は、もし愛のケースが帰一的な関係にあると仮定すれば、果たして何がどう位置づけられ得るのかである。今の整理を纏めれば、「ある」「健康的」「医術的」について言えることは、（1）それぞれの述定が第一義的に適用される事例（「ソクラテス」「（健康を保持している）人間」「（医術を所有する）医師」）が存在するということ、および、（2）残余事例が「それとの関係において語られる」ところの鍵概念（「実体」「健康」「医術」）が存在するということである。では、果たしてこれらを愛の事例にどう当てはめることが可能であろうか。（1）については、「卓越性ゆえの愛」が第一義的な「愛」の事例であることは当然であるとして、探られるべきは（2）である。三種の愛が帰一的な関係にあったとした場合、「実体」「健康」「医術」という鍵概念に相当する概念はあるのだろうか、あるとすればそれは何なのだろうか。もしそれらを合理的な仕方で見出し得るとすれば、まずは（とはいえ最も基礎的で肝要な論点であると思われる）先述の条件（A）について明るい見通しが与えられたことになろう。

5. 善の帰一的構造と愛の帰一的構造

この問いを考える糸口（つまり『形而上学』における帰一性の議論と愛論におけるそれの架橋役）になると予想されるのは、愛論と同じく倫理学的営みにおいて提示される、『ニコマコス倫理学』第1巻第6章の「善の多義性」をめぐる議論であろう。それは以下のようなものである。（前章でも言及し論じた箇所であるが、重要な問題ゆえ重複を伴うことを断りつつ手短に整理と分析を行っておきたい。）

善の多義性を主張する議論は、次のように、（a）「よい」のカテゴリー横断性と（b）「よい」の帰一性という二つの論点から構成される。（1096a17-34）

（a）「よい」のカテゴリー横断性：「よい」は、「ある」と同様カテゴリー横断的に語られる。神や知性（theos kai nous）は実体のカテゴリーにおいて、卓越性は性質において、適度は量において、有益性は関係において、好機は時において、住居は場所において「よい」と言われる。

（b）「よい」の帰一性：諸カテゴリー間には、「ある」の場合と同様「よい」に関しても、実体以外のカテゴリーが実体のカテゴリーに依拠している（つまり実体との関係において語られる）という序列関係が存在する。

プラトニズム的な善の一義性を否定する文脈の中で登場するこれらの主張は、『形而上学』で示される「ある」の多義的かつ帰一的構造から、「よい」のそうした構造を類比的に説明するという仕方で提示されている。「ある」のケースに「よい」のケースがどのように類同化されるのかについては、（a）で列挙される事例が理解の手がかりとなろう。列挙される諸事例（卓越性、好機、適度、有益性、住居）はどれも概ね明解である。ただし検討を要するのは、「実体におけるよきもの」として挙げられた「神（theos）」である。人間における個々のよきものが、神におけるよさとの関係において派生的に「よい」と語られるとは、即座には（通念や常識にも適う仕方で）理解し難い。これに関して注目すべきは、神（theos）が「知性（nous）」と併置される点である。状況証拠的に言えば、残余の事例（有益性、適度 etc.）が各カテゴリーと一対一対応的に提示されていることから判断すれば、実体に関する事例についても、kaiを二詞一意的或いは換言的に解して「神的知性」或いは「神すなわち知性」と読むのが自然であろう。[76] とすれば、〈実体としてのよさ〉が何を内実とするかについて見通しが得られよう。すなわちここでアリストテレスが想定しているのは、「神は最高度によきものである」という一般的理解（或いは人格神への言及）ではなく、知性のみを純粋に発揮させた観想活動（theôria）のことであると考えられる。すなわちそれは、『ニコマコス倫理学』で最終的に「もっとも幸福な生」に値する活動の内実として提示されるものであり、有限者のうち人間のみが有する魂部分である知性を単独で卓越的に発揮させる活動にして、[77] 人間活動の中で「もっとも神的な theiotaton」活動である（X7-8. esp. 1177a12-22）。

つまり私が指摘したいのは、前章でも指摘したように、〈実体としてのよさ＝第一義的なよさ〉とは、他ならぬ「幸福」が有するよさのことではないかということである。というのも「幸福（eudaimonia）」とは、人間のあらゆる行為――アリストテレスによれば何らかの意味で「よさ」をめざす営み（I1,1094a1-3）――が、究極的にはそれを目的としているところのそれ（生の究極目的＝最高善）を意味する概念だからである（I4,1095a17-20）。ここで言う「究極目的としての幸福」とは、人間の諸行為における目的手段連鎖の最上位におかれる目的のことである(I2)。とすれば、生の営みの内に見出されるあらゆる「よさ」は、その根底において幸福としての「よさ」への参照を伴う仕方で存在することになる。そしてアリストテレスは善の帰一性の議論において、〈神＝知性〉を〈最勝義のよさ＝最高善〉の内実として措定し、自身の最終的な立場を示唆している。ただしこれはあくまで内実の例示であって、各人が描く幸福の中身を挿入したとしても帰一性は成立するよう配慮されている。つまりかれはここで、幸福の中身をブラックボックスとすることを認めつつ、幸福としてのよさと個々のよさの間に見出される帰一的構造を指摘することで、生における多様な「よさ」を「幸福論」という形で包括的に考察できるという知見を提示している。そしてこの知見は、あらゆる存在者について「実体論」という形で包括的に学的営みが可能であるという、一般存在論における事態と類比的である。実体以外のカテゴリーにおける「よさ」、例えば適度（量）、卓越的性格（性質）、好機（時）は、各カテゴリーにおける個別領域的認識が可能である一方で、それが人間の生に関わる限りで、究極的には幸福への参照のもとに捉えることができる。[78]

さてようやく、以上の分析を愛の帰一性の理解の糸口とする段階に至った。以上の分析に従えば、善の帰一性の議論において(1)それぞれの述定が第一義的に適用される事例とは、(一例としては)「観想的生」のことであり、(2)残余事例が「それとの関係において語られる」ところの鍵概念とは、「幸福」のことである。「幸福」という知見は、多様な「よい」事例を、まさにその多様性を許容したまま、倫理学という一つの学的営みのもとで人が探究することを可能にする、紐帯的な鍵概念であった。そしてこの鍵概念は、まさにそうした性格のゆえに、なんであれ当の探究の営みが倫理学的な営みである限りにおいて、当の多様な倫理学的営みをまさに倫理学的営みたらしめる概念――すべての倫理学的探究に浸透して存在している鍵概念――であるはずである。つまり私が指摘したいのは、「幸福」という概念は、一義的ではないとされる多種（実際には三種）の愛の帰一的構造においても、第一義的事例以外の諸事例がまさにそれとの関係において愛として語られることを成立せしめる鍵概念として機能しているのではないだろうか、ということである。つまり、愛の帰一性において（2）に相当するものは、まさに「幸福」に他ならないのではないか、ということである。

今、仮にこの線に沿って、諸愛の帰一的構造と、善、存在、健康といった帰一的構造との類比を試みてみたい。まず、第一義的な愛の事例である「徳ゆえの愛」は、「幸福」と如何なる関係にあると考えればよいだろうか。この点は、幸福と卓越性・徳の定義上の不可分な関係性、すなわち、人間にとっての「幸福（最高善）」が「（人間の本来的機能の）徳に従った魂の活動」（1098a16-17）と定義されるという周知の事実を考慮すれば、自然に了解できよう。徳ゆえの愛は、まさに相手の保持する徳を根拠として成立し、しかも愛は愛好の相互性を成立要件とする（E.N.VIII 2, 1155b27ff）以上、当の両者の内には、（どの徳をどの程度保持しているのかという差異はあるにせよ）何らかの仕方での「幸福な生」という事態が見出されるはずである。つまりは、「徳ゆえの愛」と「幸福」には、後者が前者に——一定の限定はあれ——内在するという関係が成立している。このことは、医師と医術、健常者と健康の間に成立している関係性と並行的に捉えられる。

一方、「有用性ゆえの愛」ならびに「快ゆえの愛」と「幸福」の関係はどうか。これらの関係性を合理的に理解することは、例えば打算だらけの交友や放蕩的性愛が幸福に結びつくとは考えにくいといった直観的反例を想定しただけでも容易ではない。ただし手がかりはある。アリストテレスは、三種の愛の「類似性（homoiotēs）」という知見を提示する箇所（E.N.VIII 4）において、有益性ゆえの愛にも快ゆえの愛にも「何らか善きもの（agathon ti）と〔徳ゆえの愛に〕何か類似したもの（homoion ti）が存在する」がゆえに、人々は友となるのだと主張しているのさえよいものである」（1157a33）というやや突き放した言葉が添えられるほかは）特段の例証がなされずじまいである。[79] このことは読む者に拍子抜けをもたらすかもしれないが、しかし見方を変えればこうも考えられよう。すなわち、実践学においてはとりわけ（例えばケーススタディ的な仕方で）事例を重視するアリストテレスがこの主張（と理由節）について特段の例証・解説をしないということは、不要なほどに自明だった（つまり受講者は了解してくれるとかれは思った）と考えることができる。

そうした見込みのもとでひとまず想起されるのは、やはり、『ニコマコス倫理学』冒頭の「すべての行為は何らかの善を希求する」というあの一般的テーゼ（1094a1-6）であろう。これに照らせば、有用性ゆえの愛も、快ゆえの愛も、ともあれそれが人間の意図的な営みである限り「何らかの善」を求めていることになる。そして、そうした善の究極的な目的（最高善）として「幸福」という知見が定位される限りにおいて（17）、いずれの愛においても幸福という概念が関与しているということができる。

しかし、もしアリストテレスがこれだけの意味で、幸福と「有用性ゆえの愛」ならびに「快ゆえの愛」の帰一的関係性を示したかったとしたらやや不可解である。というのもこれだけなら、諸愛の帰一性を全倫理的事象に関する帰一性と同じ土俵で処理しただけの余りに一般的な主張しか提示されていないことになるからである。それはまた、第8巻第4章の「実際、快を愛でる人々にとっては快いものさえよいものである」（1157a33）という一節にしても同様であり、「快を重視する人には快は「よい」もの、有用性を重視する人には有用性は「よい」ものだからどちらも善ゆえの愛に似ている」といったような表層的な知見だけでは、快ゆえの愛と有用性ゆえの愛をまさに善ゆえの愛と同じ「愛」という類の存在に据えるには根拠薄弱であろう。

そのような浅薄な根拠のみによって、たとえば徹底的に打算だけの交遊やひたすら放蕩的な性愛を善ゆえの愛とアリストテレスは同類視しているとわれわれが理解しなければならないとしたら、それは（少なくとも私にとっては）不可解である。

そこで私は、規範的な観点が愛の帰一性をめぐる議論の中に導入されていると見なした上で再検討してみたい。すなわち、アリストテレスは三種の愛の帰一的構造を提示する際、有用性ゆえの愛と快ゆえの愛に関してあくまで「（ある程度）望ましい仕方で成立している」それらを想定し、それらと徳ゆえの愛をめぐる帰一的関係を主張しようとしている、と考えてみたい。（アリストテレスの倫理学は規範倫理学である以上、そう考えてみたとしても不条理はあるまい。）すなわち、有用性ゆえの愛と快ゆえの愛が人間にとって望ましい仕方・あるべき仕方で（つまり打算のみの交際や耽溺のみの性愛とは異なる仕方で）成立している場合、当の愛は、究極的には幸福（或いは徳に即した営み）への言及抜きには特徴づけられ得ないような仕方で成立しているはずである。この事態は、アリストテレスの挙げる「相手の善・繁栄の希求」という愛の要件（1155b27ff）に照らして言えば、この要件が、たとえごくわずかな面・程度においてであれ、快や有用性に還元し尽くされない仕方で見出される――別言すれば、「徳ゆえの愛」的な要素が僅かであれそこに見出される――ということであろう。また、クーパーの着想する、「～ゆえ（dia）」という語をめぐる二つの読み（「利己的目的の手段として相手の善を希求する」という事態を意味するのか、それとも「相手が快や利益もたらすことを認識した上でその結果として相手の善を非還元的に希求する」という事態を意味するのか）の可能性をここで念頭に置くのも有効であろう。[80] すなわち、「有用性ゆえの愛と快ゆえの愛が望ましい仕方で成立している」とは、「相手の善の希求という事態が、結局は愛する側の自己利益の単なる手段にすぎない――つまりdiaは目的のみを意味表示する――とは言い切れない」ということでもある。こうした知見は、ワインの愛好は愛と言えないことをアリストテレスが示す際に、ワインの愛好家がワインの品質を保全しようと努める（＝対象がよい状態にあることを希求しそれに向け実践する）のは、結局は愛好者の自己利益（高品質なワインを享受すること）の手段としてそうするに過ぎない、という点を理由として挙げていること（VIII2, 1155b29-31）からも示唆される。かくして、規範的観点を導入することで以上のように諸愛の帰一的構造が合理的に理解されたとしよう。

6. 三つの愛の依存関係

さて、これで私は、ひとまず先述の（第2節で示した）条件Aについて一定の知見を提示したことになる。よって次は、残る条件BとCについて、以上の検討を踏まえた上でどう対処可能かを考えてみたい。とはいえ実のところ、一連の考察を通じて、結果的にではあるが、残る二つの問題についても実質的には既に検討してきたことになるのではないだろうか。まず、条件Cについてはこのように言えよう。『エウデモス倫理学』における愛の帰一性の議論は、「ある」をめぐる帰一性の議論（『形而上学』）そして「よい」をめぐるそれ（E.N.I6）と、まさに以上のように整合的・類比的に――すなわちいずれも〈第一義的事例〉と〈鍵概念〉を帰一的構造のうちに含み持つ仕方で――理解することができる。また、『ニコマコス倫理学』の愛論における三種の愛の「類似性」という知見（1157a25-36）に関しても、今しがた述べたように規範的観点を導入しながらそれを読めば、整合的であるどころか、むしろ、『ニコマコス倫理学』の類似性の議論を糸口にすればわれわれは『エウデモス倫理学』の帰一性の内実をより十全に把握できる、そのような関係にあるものとして、両著作における愛論を併置できる。

では、条件Bはどうか。アリストテレスは、一方「有用性ゆえの愛」「快ゆえの愛」の説明言表には「徳ゆえの愛」の説明言表が含まれるとする。この条件についても、実はこれまでの考察で既にクリアされているように思われる。すなわちこれまでの検討によれば、徳ゆえの愛以外の愛が一定程度望ましい仕方――正確に言えば何らかの仕方で或いは少しでも幸福な生に結びつく仕方――で成立しているとき、そこには、徳ゆえの愛的な要素が僅かであれ見出される、と考えられた。別言すればそれは、徳ゆえの愛における「相手の善を希求する」という要件が、徳ゆえの愛においてと同じ仕方で――すなわち、「結局は自分の利益のため」という利己性には還元し尽くせない仕方で――見出されるということでもある。とすれば、一定程度望ましい仕方で成立しているものとしての二つの愛は、徳ゆえの愛の本来的特徴への言及抜きには、十全に説明し尽くせないことになる。こうした意味において、二つの愛は、徳（卓越性）ゆえの愛にロゴス上依存している。

しかし、かれはこうも言う。徳ゆえの愛の説明言表には、残余の愛の説明言表が含まれないと。この言明は一見、『ニコマコス倫理学』の愛論に見られる、「類似性」をめぐるもうひとつの（つまり1157a25-36とは別の）知見、すなわち、徳ゆえに愛し合う人々はそれぞれ相手にとって快くかつ有益であり、よって三つの愛は類似しているという知見（1157a2-3）と、逆の方向性を志向しているようにも思われる。しかしこの事態は、「事実上の随伴関係」と「説明言表上の包含関係」という議論の観点に留意さえすれば齟齬無しに理解できよう。すなわちこういうことである。まず、徳ゆえの愛が成立しているとき、当人にとってそれは不利益であるはずも不快であるはずもないのは当然のことである。というのもそれは、「(自ら行うにせよ他者の行為を観察するにせよ）有徳とされる行為に快を感じる」という有徳性成立の基本的要件を鑑みても、有徳者が友である（すなわち自らに対して純粋に利他的に行動してくれる人である）場合に受ける利益や啓発を考えても、明らかなことである。ただし、このこと（徳ゆえの愛の成立時には有用性も快も見出されること）は、あくまで事実的な真理・随伴的な関係性であって、徳ゆえの愛を説明する際に快と有用性への言及が必要であることを含意する——愛する当人の目線でいえば、自身が得られる快や有用性を目当てに相手をその有徳性ゆえに愛する（相手の善を希求する）——わけではないのである。別言すれば、快と有用性は、徳ゆえの愛の本質を構成しないが属性として必ず付帯するような属性だと表現してもよい。ロゴス上は、徳ゆえの愛は快と有用性への言及抜きに説明することが可能である。しかしながら、逆は成り立たない。快ゆえの愛と有用性ゆえの愛を(規範的観点の導入のもとで)説明するとき、徳ゆえの愛が有する本質的特徴づけ(幸福への直結・相手の純粋な善希求）への言及抜きには、十全に説明し得ない。以上のように三種の愛は、ロゴス上非対称的な包含関係を保持し、かつ『ニコマコス倫理学』における一連の言明とも整合的である。

7. 結び——愛の帰一性と幸福論

最後に、以上の考察に基づきながら、冒頭で予告した視点、すなわち帰一性の知見を愛論に導入したことの意義、およびアリストテレス倫理学全体の中での帰一性の議論或いは愛論はいかに位置づけられるかという問題に言及することで、本章の結びとしたい。アリストテレスは『ニコマコス倫理学』第1巻において、「幸福（eudaimonia）」概念を鍵概念とする善の帰一性を提示することで、生と行為の場面における多様・多義的な「よさ」を「幸福論」という形で包括的に考察可能であるとの知見を保持していた。そしてこの幸福概念は、愛の帰一的構造においても、その成立のための紐帯となるものであった。そこからは、二つのことが言えよう。（1）まず、善と同じく多義的であるところの愛に関しても、それら諸々の愛は、その多義性を保持したまま、「幸福」を紐帯とすることで統一的な把握・考察が可能である。「帰一性」という知見が、愛を主題的に論じる文脈の中核的な場面で導入されたことの意義は、まさにこの可能性がそれにより開示されることになる、という点にあるように思われる。（2）そしてこのことを別角度から表現すれば、（帰一的構造を有する諸愛を包括的に扱うところの）愛論は、アリストテレスにおける諸々の倫理学的営みが幸福概念を紐帯とする「幸福論」としても定位可能であることを例証する、典型的な場としても位置づけることができよう。

第8章　快の種的差異——J・S・ミルと比較しながら

1.　はじめに——快の種的差異（アリストテレス）と快の質的差異（J・S・ミル）

さて、次は快の問題に考察を移したい。「快楽（pleasure, hêdonê）」の問題が一般的に言って倫理学上の主要テーマの一つであることは言うを俟たないが、アリストテレスにとってもそれは然りである。まず、アリストテレスの見立てによれば大衆の大半は快に満ちた生活（享楽的な生）こそを「幸福な生」の内実とみなしており（E.N.I4）、しかも学的なレヴェルにおいても、（大衆と同じ意味においてかどうかは別として）快楽主義的な幸福観を採用する立場（エウドクソス説）や、むしろ快楽を（魂の知的部分を行使する上で障害となる）悪しきものであるとする立場（プラトニズム）が、当時の先行学説として存在していた。とすれば、「幸福とはなにか」の確定を柱とするアリストテレスの倫理学的探求において、快と幸福との関係を適切に——しかもできれば大衆も納得する（つまり通念と齟齬をきたさない）仕方で——位置づけておくことは、かれにとって必須の課題であったわけである。また、主要性格的徳の一つである節制（sôphrosynê）は、身体的快楽の欲望に関する中庸的状態とみなされるし、悪いと分かっていながらそれをしてしまう無抑制（akrasia）も同様に身体的快楽の欲望にかかわる事態である。かくしてアリストテレスは、「快」とはそもそもなにであり、どれだけの種類（多義性）があり、そして（多義的であるとすればそれぞれが）どのように評価されるのかを、『ニコマコス倫理学』第7巻第11—14章、第10巻第1—5章などで考察している。本章では、それら一連の考察のうち、快には種類の違いがあるのか、あるとすればそれはいかなる仕方においてなのかという「快の種的差異」を論じた箇所について、理解の明確化を試みたい。そのさい、これまでの私の議論の仕方とはやや異なる考察の方法を採用することにする。それは、アリストテレスと同じく自身の倫理学理論の基礎に幸福という知見を据えながら功利主義を確立し、なおかつ「快の質的差異」という知見の提示を通じて高い質の快を充足することこそ幸福の内実であるとみなしたJ・S・ミルとの比較を伴いながら、アリストテレスの議論の特徴をみてゆくという方法である。どういうことかを説明しておこう。

『ニコマコス倫理学』における快論を締め括る第10巻第4・5章は、「諸々の快は種において（tô eidei）異なる」（1175a21f）という第5章冒頭の言葉が示すように、快における種的差異という知見がアリストテレスによって提示される場である。すなわちかれは、活動の種的差異に応じて快にも差異が存在し、しかもそこには優劣の差があると主張する。

極めて一般的な話をすれば、この主張を耳にしたときにわれわれが容易に想起するであろうのは、J・S・ミルにおける快の質的差異の理論である。すなわち、有名な「豚とソクラテス」の対比が象徴するように、快には量的のみならず質的な差異が存在し、質的な優劣の差が、快――それは、ミルによれば、幸福度の究極的な判定基準となるものである――の評価において決定的意味を持つという主張である。質（quality）と種（eidos）という言葉の違いはひとまずあれど、両者の主張や発想には（少なくとも表面上は）明らかな類似性・連続性が見出される。近代倫理学的なラベリング（功利主義と徳倫理）でいえば袂を分かつ二人にそうした共通性が見出されるのは、一見したところ意外かもしれない。しかしながら、興味深いことに実はミル自身はアリストテレスを「賢明な功利主義者」と――裏を返せば自らをアリストテレスの正統な後継者と――位置づけているし（『自由論』II 11）[81]、現にどちらも、幸福概念を自らの倫理理論の中核に据える立場を保持している点では、基本的態度を共有している。本章は、こうした事実も念頭に置きつつ両議論を比較検討するものであるが、ただしその狙いは、両者にみられる差異の析出そのものにあるのではなく、むしろ、そうした比較を通じてアリストテレスの側の快論が有する内実の一端を明らかにすることにある。（つまり、ミルには申し訳ないがかれにはそのような手段的役割を以下の考察では担ってもらうことになる。）一連の考察によって導かれる知見の見通しのみを示しておけば、両者は一定の連続性を保持しつつも、アリストテレスの快論にこそ相当の周到さと慎重さが見出されることが、最終的に明らかになるであろう。

2. アリストテレス――「随伴」と「増強」としての「完成」

「随伴」としての「完成」

さて、まずはアリストテレスにおける当該テクストの確認と分析から始めたい。かれは『ニコマコス倫理学』第10巻第4章後半から第5章にかけて快の種的差異の論証を試みているが、そこでかれは、或る鍵概念を導入している。それは、「完成」という知見である。第5章の議論はこう開始される。

「以上のこと〔=第4章後半の議論〕からすると、諸々の快は種において異なってもいると思われる。というのも、種的に異なる活動は、種的に異なる快によって完成させられる（teleiomai）とわれわれは考えるからである」（1175a21-23）

「種的に異なる活動は種的に異なる快によって完成させられる」と受動相で表現されるところの「完成」とは、何を意味するのか。実はこのテーゼは、第4章で提示される次の極めてシンプルなテーゼを基礎にしている。

「快は活動を完成させる（teleiô）」（1174b23）

実は、「完成」或いは「完全性」という概念は、アリストテレスの快論において多用されるものである。かれは、快という事柄が持つ特徴を説明する際、たとえば快が運動や過程と異なることを説明する際などに、この概念を駆使する（X4, 1174a13-b14, cf. VII12, 1153a7-12）。それらの駆使はいくつかの局面からなり、しかもそれぞれが解釈上の問題を抱えているが[82]、本章の考察が直面する局面に関していえば、「快は活動を完成させる」という基礎テーゼのもとで一連の論証が展開される以上、ここで言われる「完成させる」という事態の内実を理解することこそ、考察の第一の鍵となろう。では、それはいかなる事態か。アリストテレスはこう述べる。

「快は活動を完成させるが、それは、状態が内在するという仕方においてではなく、何らかのゴール（telos）が随伴（epigignomai）するという仕方においてである。ちょうど、壮年期の人々（akmaioi）に活気（hôra）が随伴するように」（1174b31-33）

この事態の内実は、「壮年期の人々に活気が随伴するように」という印象深い修辞を添えながら説明されている。ここでいう壮年期独特の hôra が、当時の人々の間でいかなるニュアンスを保持していたのか――「活気」か「オーラ」か「色気」か、それとも「むさくるしさ」か――について、現代の我々が正確に摑むのは容易ではない。とはいえ、それがいかなるものであるにせよ、「随伴（epigignomai）」という関係にあるという明言を了解しておけば基本的に支障はないだろう。すなわち、ここで言う「AがBを完成させる」とは、「AはBのゴールであるが、ただしそのゴールは、〈Bに内在する（Bの本質を構成する）〉という仕方でのゴールではなく、〈Bが生じた場合には必ずAがそれに伴って結果的に生じる〉という意味でのゴールである」という事態を含意するものである。「快が活動のテロスである」という時の「テロス」のあり方に関するこうした慎重な位置確定は、テロスを単なる「終点」ではなく「目的因」と捉えるかれの目的論的原因論からすれば、意外なことかもしれない。しかしながら、いやむしろだからこそ、誤解を防いでおくためにそうした慎重なものの言い方が必要だったと考えてよいのではないだろうか。それは、引用箇所の直前で、かれが「快」の「活動」に対する関係を「健康」の「健康になること」に対する関係に類比したこと（1174b23-26）とも関連している。快は確かにゴール的性格を持つものであり、そのことは第7巻でも表明されている（Ⅶ12, 1153a7-12）。ただしそれは、それが成就してはじめて当の活動が活動として成立するという意味でのゴールではない。アリストテレスは快の随伴をもたらす活動の条件として、（ｉ）良好な状態の心的能力により（ⅱ）麗しい対象に向けなされることを挙げ、これら二条件が整った活動を「完全な（teleia）活動」と表現するが（1174b14-19）、当の活動は快が――事実上は必ず伴うにせよ――伴わなければ（「完全な活動」という意味での）完全性が損なわれるというわけではない。[83] すなわち、ここでいう「完成」とは、「補完」を意味しているわけではない。とはいえそうではないながらも、当の活動が完全な活動である場合、事実上快が――雷（雲間の放電現象）における雷鳴の如くに――随伴し、しかもその快は、当の活動の素晴らしさを一層ひきたててくれる。つまり修辞的に約言すれば、快は活動に華を添えてくれる。[84] 以上の意味において快は活動を「完成させる」のである。しかも、活動の総体こそが人の生の内実である以上、快は「生を完成させる」とさえ言えることになる（1175a15f）。[85]

しかしこれだけでは、「快が活動に随伴し活動をひきたてる」ことが語られただけであって、「活動の差異に応じた差異を有する快が随伴する」ことまで含意されるわけではない。随伴する快そのものは均質的である、という可能性は排除されないからである。

「増強」としての「完成」

となると、快の種的差異（活動の種的差異と快の種的差異の連動）という知見を示すにはさらなる根拠づけが必要となるが、幸いなことに、アリストテレスはそれを用意している。かれは、随伴という知見を導入し終えて後、「固有の快／異質の快」という新たな枠組みを導入しながら次なる段階の議論を展開する。それは、「完成させる」という語にかれなりのさらなる含意を賦与する試みである。かれはこう述べる。

「諸々の快は種的に異なるように思われる。というのも、種的に異なるものは種的に異なるものによって完成させられると我々は考えるからである。〔中略〕このことは、諸快のそれぞれが、快が完全させるところの活動と密接に結びついていることからも明らかであろう。というのも、固有の快（oikeia hêdonê）は活動を増強する（synauxô）からである。というのも、快を伴って活動する人々は、それぞれの事柄をよりよく判別し一層正確に扱うからである」（1175a22-31）

「固有の快は活動を正確なものにし一層持続的で優れたものにする一方、異質の（allotriai）諸快は活動を損ねるので、両者は明らかに極めて隔たっている。というのも異質の快は固有の苦痛とほぼ同じことをなすからである」（1175b13-17）

ここで採用される「固有／異質」という表現は論点先取的な危うさを伴うけれども、「〈固有な快〉とは〈活動に自体的に随伴する快〉である」というかれ自身の規定（1175b21f）に即せば、「当該種の活動に随伴する／当該種とは別種の活動に随伴する」ことを意味すると了解できる。かれによれば、活動Ａに随伴する快ａは、活動Ａが事柄をよりよく判別し正確かつ持続的であることを助け、当の活動の上達をもたらす（1175b35）。一方、活動Ａとは異種の活動Ｂに随伴する快ｂは、活動Ａの十全な遂行を妨害する。例えば幾何学的探究に随伴する快は、探究者が幾何学の専門家となり洞察に満ちた探究を行うよう導く（1175a32f）。つまり、いわゆる「好きこそものの上手なれ」という事態である。これに対し、哲学的対話の途中に漏れ聞こえる笛の音色は、笛好きにおいてそちらに関心を向かわせ対話への集中を阻害する（1175b3-5）。異質の快（快ｂ）が当の活動（活動Ａ）を阻害するに至らない場合は、それはもはや、例えば観劇（活動Ａ）中に芝居がつまらなくなれば人はドライフルーツを摘まみだす（活動Ｂ）ように（1175b11-14）、活動Ａがさほどの快を随伴させていないからである。このことは快の対概念たる苦痛に言及することでも理解可能である。すなわち、活動Ａには固有の快と並んで固有の苦痛（活動Ａに伴う苦痛）がしばしば存在し、それは当の活動の妨害要因となる。例えば推論が苦手な者は、随伴する苦痛（例えば頭の混乱）によって推論が停滞し、最悪の場合は遂行をやめてしまうにいたる（1175b16-22）。

こうした、経験的に概ね真理であり優れた人間観察の賜物である（と私には思える）知見から、アリストテレスは、活動の種類と快の種類にはやはり対応関係が存在することを示そうとしている。かれは活動Ａと快ａの間に見出されるこうした事態を、「増強（synauxô）」という語でもって集約的に表現している。auxô（成長・増大する）に端を発するこの語は、本来は基本的には量的な概念であろうが、ここでかれはこの語に、「固有の快が伴えば伴うほどそれと共に（syn）当該の活動が正確化し持続的で優れたものになる」という風に、質的な意味合いをも担わせている。仮に快がどんな活動に随伴する場合でも均質的だったとしたら、同一種の活動を一方ある快は増強し他方別のある快は妨害するという事態など起こるまい――アリストテレスならそう言うだろう。活動の種類に応じて快に質的差異が存在するからこそ、Ａと活動Ｂが異種である場合ａはＡをそしてｂはＢを増強し、一方ａはＢをそしてｂはＡを阻害するという事態が成立するのである。この「増強」作用こそ、「快は活動を完成させる」という言葉に新たに賦与される含意である。

この新たな含意は、快に質的差異が存在するという主張にとって決定的な意味を有する。というのも、活動にはまさにその種類の活動を促進する随伴的快が存在するという事態は、活動の差異に応じて快に差異が存在すること、そして活動の優劣と快の優劣が連動するという知見を正当化するからである。すなわち、一方優れた活動に随伴する快は、優れた活動の促進役を果たす意味で「優れた快」であり、他方劣った活動に随伴する快は、それを促進する意味で「劣った快」であると言えることになる。かれはこう端的に述べる。

「高貴な活動に固有の快は品位のある快であり、低劣な活動に固有の快は劣悪な快である」(1175b27f)

かくしてかれは一連の議論を通じ、快の質と優劣の根拠が当該活動の質・優劣を所在とすることを示すに至った。この言明は、一連の論証の端緒に提示された、〈活動能力の状態と対象が最も善いものである場合その活動は最も完全であり、随伴する快は最も快い（hêdistê）〉という知見（1174b14-23）を仕切直し的に再表現したものでもあると言える。ちなみにこの言明は、（イ）「最も完全な」という場合の「最も」とはいかなる内実を有するのか、そして（ロ）活動が「最も完全」ならなぜ快が「最も快い」のか（そして「最も快い」とは何を意味するのか）という解釈上の問を内包しているが、前者については、すなわちどのような活動が「最も完全」である（最も優れている）のかは、本論での分析に即せば第10巻第4・5章の中から内在的に読み取ることができるであろう。一方後者に関しては、「最も快い」という表現を量的に捉える限り経験的事実と齟齬をきたす以上、質的なものと捉えざるを得ないだろう。そしていかなる快が最も優れているかは、いかなる活動が最も優れているかによって派生的に導かれるであろう。[86]

3.　ミル――選好テスト

さてここで、アリストテレスの以上の議論に対応するミルの議論に目をやりたい。ミルは、諸々の快に関し、質的な差異が見出されしかもその差異には優劣が存在すること、そしてこの観点を自らの功利主義理論に導入することを次のように明快に宣言する。

「ある種類の快は、別の種類の快よりより望ましくかつ価値があるという事実を認めることは、功利性の原理と全く整合する。他の事柄においては量だけでなく質を考慮に入れるのに、快の評価は量だけに頼らなければならないのは不条理であろう」（II4）

ミルの功利主義は、行為の結果がどれだけ社会全体の幸福をもたらすかを行為の評価基準とするものであるが、そこで言われる「幸福」とは、「快の現在と苦痛の不在」を意味する（II2）。かれは、この幸福度の判定において、快の量のみならず質をも考慮すべきであると主張するわけである。しかも興味深いことにミルは、快の質の差異を種類（kind）の違いとして捉えており、その意味でミルはアリストテレスとダイレクトに重なっている。では、「快に質的差異と優劣が存在する」ことの内実と根拠は何であるとミルは考えるのか。それについてかれはこう明快に規定している。

「快の質的差異ということで私が何を意味しているのか、ある快を別の快よりも、量的に勝るということではなく快そのものとして価値が優れたものたらしめるものは何かを私が尋ねられたとしたら、可能な答えはただ一つである。すなわち二つの快のうち、両者を経験した全て或いは殆どの人が、どちらかを選好する道徳的義務感とは無関係に決然と選好するほうの快が、一層望ましい快である。両方の快を熟知する人々が、他方よりも一方をずっと高く評価し、他方を選好するよりも大きな不満が伴うのを承知のうえで一方を選好し、かれらの本性上他方の快をどれだけ量的に享受できたとしても一方を放棄しないとすれば、我々は、選好されたほうの快の享受が質的に優れ、比較において量的差異を殆ど考慮に入れなくてよいほど量的差異を圧倒していると考えるのが正当である」(II5)

任意の二つの快について、両方を経験し熟知した者の全て或いは殆どが、道徳的義務感とは無関係に、しかも量的にはもう一方(快a)より及ばなくとも決然と選好する(give a decided preference)ところの快――それ(快b)こそ、質的に優れた快であるとミルは言う。果たしてこの言明が快の質的差異と優劣の定義的表現なのか、それとも判別テストに過ぎないのかという問題はあろうが、ミル自身が「快の質的差異の意味」にして「優劣の成立根拠」にして「唯一の答え」だと明言している以上、ここで私はそれを素直にリテラルに受け取っておきたい。[87]「快の経験者による選好」というこの発想は、快の質という問題を独断的に講じようとする態度とは無縁な、経験主義的で民主主義的な様相を呈している。

ところでミルがここで想定する快aと快bの実際の中身は、ソクラテスと豚の一節にも象徴される通り、人間の高次能力(higher faculty)すなわち知的能力(人間のみが有する能力)の行使による快と、低次能力(lower faculty)すなわち身体的能力(動物と共有する能力)の行使による快であり、かれはそのような同定を無造作に行っている(II6)。今、「高次/低次」という表現の論点先取性には目を瞑るとして、では知的快と身体的快を共に経験した人の全て或いは殆どは、なぜ前者を選好するのか。ミルはその所在を、「尊厳(dignity)」という極めて普遍的な概念に求める。かれが言う「尊厳」とは、自分自身が高次能力を行使する生を営む人であることを望み、高次能力を行使しない存在者になることを忌避する感覚のことである。ミルは、人間であれば誰一人として、知的な者・教養ある者・良識ある者からそうでない者にわざわざ自分から転じようとは思わないと指摘し、この感覚を、人間において基礎的な、そしてその充足が人間の幸福（happiness）にとって核心的な部分となると主張する（II6）。

かくして人間は、この尊厳の感覚のもとで、身体的快よりも知的快を決然と選好する。ミルはこれに対する二つの反論を想定し再反論を周到に用意する（II7）。第一に、人は両方の快を感受する能力を有しかつ両方を経験済みの場合であっても、前者の快の誘惑に負けることがあるという事実をどう説明するのかという反論が想定される。しかしその場合に人は、前者がより低質であると分かっていながら性格的不備のゆえに手近な前者をついつい選好してしまうのであって、とすれば身体的快を「決然と選好」しているわけではない。これは身体的快の枠内でも言えることであり、人はしばしば、健康による快が暴飲暴食による快より優れていることを分かっていながらついつい後者の誘惑に負けてしまう。このように、「決然」ではない選択のあり方がそこには伴う。第二に、若い頃は高貴な事柄に熱中した老人が、加齢と共に怠惰になり利己的存在に身を落としてしまう事態はどう考えるのかという反論が考えられる。しかしそれは、加齢に伴って高次快を感受する能力が衰退してしまったことによる。知的快の感受能力はデリケートな性質を有しており、加齢を含む様々な状況次第で容易に衰退してしまう。そういった場合、当人はもはや「両方の快を熟知している」状態にはない。いずれの場合も、「二つの快を熟知した人」が「決然と一方を選好する」という条件を満たしてはいない。

4. ミルとアリストテレス——快の差異

以上が、快の質的差異と優劣をめぐるミルの論証である。では、アリストテレスのそれとの異同を考慮したときに何が見出されるだろうか。両者は、「諸快には質的（種的）差異と優劣が存在する」という立場を共有しつつ、それを導くために独自の方法を採用している。すなわち一方アリストテレスは、快と活動の関係を「完成」という語で表現し、この語に「随伴」と「増強」という知見を含意させた上で、後者から、活動と随伴する快の連動関係を導き出した。他方ミルは、任意の二つの快について、両方の快を経験し熟知した者が「決然と選好」するほうこそが質的に優れた快であり、そしてこの決然たる選好は、尊厳の感覚によって動機づけられるという議論を展開する。

こうした二人の語り口を比較するとき、まずもって指摘したい相違点がある。それは、快の種的差異という知見そのものに対する態度である。すなわち、一方アリストテレスは、増強概念の導入によって快の種的差異の存在（活動と快の連動）の論証を試みているのに対し、他方ミルは、快に質的差異が存在することまではわざわざ論証しようとしていないということである。すなわち、ミルが主張しているのは「質的に異なる二つの快の既経験者が決然と選好したほうが上質な快である」ということであって、快に質の差異が存在すること自体は、まるで当たり前のことととして措定されている。実際、一連の議論の最初にある「他の事柄においては量だけでなく質も考慮するのに快の評価は量だけに頼らねばならないのは不条理であろう」という言明も、質的差異そのものは自明視した上で、その差異を快の評価において考慮すべきことを論証する宣言だと言える。しかし、である。「それは自明ではない」と一部の快楽主義者たちは疑義を表明するであろう。というのも、実は知的快と身体的快は、強度や持続性などの量的差異があるだけで質的には均一であり、劣った活動よりも優れた活動を起源とする快のほうを人は選好するだけの話かもしれないからである。それはちょうど、どんな百ポンド紙幣も交換価値は等しいが、詐欺によって得られた百ポンド紙幣よりも、労働によって得られたそれを人は通常選好するのと同様である。さらに、「経験済みの快のうちどちらを選好するか」というテストは、ミル自身が快の量的差異の判定においても唯一の判定基準として挙げるものであり（118）、となるとテストに先立ち量的差異と質的差異が別物として存在することが前提されていないと、テストが実効的に機能しなくなる。

私は、ここでミルを非難したいわけではない。私が指摘したいのはただ、ミルが快の質的差異の存在自体を自明視していたようだということそのものである。そしてそのことは、かれが異質の二つの快として、実際には任意の二つの快ではなく知的快と身体的快を当然のように想定しつつ議論を進めていることと関連している。すなわちかれは、知的、身体的それぞれの能力と活動と快をそれほど一体的に捉えていたということである。それは、例えばかれが尊厳の感覚を説明する場面で活動と快を互換的に捉えていることからも、[88]本来は行為について語られるのが自然であるはずの「選好」という言葉遣いを用いていることからも察せられる。活動と快のこの「一体感」はおそらく、人が通常経験する原初的直観（例えば「読書から得られるのはあの独特の満足感であり、温泉から得られるのはあの独特の満足感である」という直観）に由来するのであろう。結局ミルは、「活動の質が違えば快の質も違う」或いは「快の質的差異の根拠は活動の質的差異に存する」という確信をアリストテレスと同様に保持していたと言えよう。

となると、むしろ強調されるべきは、アリストテレスの側にみられる慎重さである。すなわちかれは、「諸々の快には質の違いがある」という、誰もが――神経科学的な見地とは独立に――素朴に保持しているであろう直観について、あくまで直観には頼ることなく、その知見を、増強という概念の導入を通じて根拠づける手続きを敢えて遂行しているからである。その意味でかれの論法は、快に質的差異を端的に認めない徹底的な量的快楽主義者や、直観や常識を道徳的言説において絶対視しないスタンスの論者に対しても語りかける姿勢を保持した、穏健かつ健全な特徴を有していると言えよう。

5. アリストテレス——快の優劣

さて以上のように、ミル自身が論証しようとしたのは、質的差異が措定された二つの快に優劣の差が存在し、それは選好テストによって判別されるということであった。では快の優劣の差について、アリストテレスの側はどう踏み込んだ議論を展開しているのか。

増強概念の導入を通じ、優れた活動に随伴しそれを促す快を「優れた」快、劣った活動に随伴しそれを促す快を「劣った」快として位置づける道筋を示したアリストテレスにとって、残された問はもはやシンプルである。すなわち「どのような活動が優れた活動か」という問であり、その答えにより快の優劣は派生的に導かれることになる。そしてその答えは基本的に、かれが『ニコマコス倫理学』の第1巻において提示済みである幸福（eudaimonia）論を適用すれば与えられる（X5, 1176a3-29）。すなわち、各動物にはその動物種固有の働き・機能（ergon）と固有の活動が存在する。人間に固有の機能を発揮させた生は、「人間（という動物種）として」生き甲斐のある生・充実した生であり、そうした生こそが人間における幸福な生——あらゆる行為の究極目的、人間における善の中の最高善——の内実である。ところで、ピアノ演奏を十全に行える人が「優れたピアニスト」（「ピアニストとして」優れた者）として社会的に認知され賞賛されるのと同様、人間に固有の機能の発揮（人間に固有の活動）を十全に行える人は、「人間として」優れた人として認知され賞賛される。すなわちエルゴンという知見は、それを有していれば当該タイプの一員として優れた存在者として賞賛されるところのアレテー（徳・卓越性）という知見と実質的に重なる。かくして幸福とは「徳に則した魂の活動」として一般的に規定される（I7, 1098a16f）。となると人間における「優れた活動」とは、幸福な生を営む者の活動、すなわち幸福な生の内実たる「徳に則した魂の活動」であることになる。そしてそうした活動に対応する快こそ「優れた快」である。かくして快の優劣は、自身の基礎的な幸福理解から派生的に導かれる。

しかし、実はアリストテレス自身の語り口は手が込んでいる。かれは、もはや活動の優劣に還元して快の優劣を語ればよいはずなのに、さらに快そのもののレヴェルにおいても優劣の判定基準を提示する。それは「尺度」としての「有徳者（善人）」という知見である。

「…徳、そして善人である限りにおける善人がそれぞれのものの尺度であるとすれば、当の有徳者に現れるところの快こそ〔真の〕快であり、その人が喜ぶものが〔真に〕快いものであるということになるだろう。ところで、かれにとって不快なものが別の人にとって快いとしても何ら驚くべきことではない。というのも人間には多くの堕落や汚辱が生じるからである。それは、〔真に〕快いものではなく堕落した人々にとって快いだけである」（X5, 1176a17-21）

有徳者がそれを快と認知するものが「真の快」であるとかれは言う。裏を返せば、有徳者が快と認知せず、劣悪な者が快と認知するものは「偽りの快」である。有徳者による快苦の感じ方こそが、快の優劣を区別する尺度（metron）となるということである。興味深いことにこの主張は、ミルの論法に似ている。というのも、有徳者がどちらに満足するのかというテストは、快の既経験者がどちらを選好するのかというテストと、感受・選好主体を設定し感受・選好結果を快の優劣の判定に用いるという発想を共有するからである。

ただし、「アリストテレスの場合には循環があるのではないか？」と人は問うてもよいだろう。何故なら、かれはその徳論において「有徳者」を「有徳な活動に快を感じる者／悪徳な活動に不快を感じる者」としてたびたび特徴づけておきながら、「真の快」を説明する際に「有徳者が快と認知するもの」という表現に頼るからである。この循環は、かれがこの主張を倫理的事象に関して総じて言えることの一例として提示している事実（1176a15-17）からも察せられる通り、倫理学的言説において時折見出されるものである。例えばかれは中庸論において、性格的徳の内実としての中庸（感情や欲求をめぐる超過と不足の中間）が実際にスケール上のどこに位置するのかを説明する際、「思慮ある者（ho phronimos）」がそこを中間として定めるところのものである、という言い方をする（II6, 1106b36-1107a6）。この循環は、徳と有徳者、或いは徳と行為に存する循環的規定関係を含意するものであり、アリストテレス倫理学の基本的特質を考える上で一般的意義──必ずしもそれはネガティブな意義とは限らないが──を有している。しかしながら、テクストを慎重に読む限り、ここでは少なくとも単なる循環ではない議論の方向性を読み取り得る。というのも、アリストテレスはここで少なくとも善「人」や有徳「者」とともに、「徳」そのものも尺度として併置しており、しかも「善人」には「善い限りでの」善人（agathos hê toioutos）という慎重な限定を附しているからである（1176a18）。すなわちここでは、〈善さ（有徳性）〉と〈善き人の判断〉の関係は前者の側を基礎とすることが示唆されている。すなわち、なぜ有徳者が当の判断をするのかといえば、有徳者がまさに徳を保持しているからであって、有徳者が当該の判断をするからそれが有徳なもの（優れた意味で快適なもの）になるというわけではないということである。とすれば、ここではあくまで「徳の保持」が基礎的基準として導入されており、かつそれは活動（有徳な活動）という概念を媒介項として成立すると見なせばよい。とすれば、依然としてアリストテレスは、幸福の概念規定を基礎とした知見を活動の優劣に関して適用し、それによって快の優劣を根拠づけていると言えよう。

6. ミル――尊厳テーゼの意味

では、ミルはどうか。アリストテレスは有徳者テストを、幸福な生の内実としての徳に則した活動という一貫した知見によって基礎づけられる仕方で提示した。一方、ミルが自らの選好テストの基礎に求めたものは「尊厳の感覚」である。すなわち、質的に異なる二つの快の一方を人が決然と選好するのは、その人が知的能力を行使する生を営む人であることを望み身体的能力しか行使しない人になることを躊躇う感覚を保持し、この感覚に関する充足感が幸福の核心的部分を成すからである。この感覚は、質的に異なる諸快に関する選好の成立、ひいては諸快の優劣の成立を決定づけるような意味合いをもつ基礎的感覚であると言えよう。[89]

となると、最終的に問われるべきは、「尊厳の感覚」そのものである。すなわち、なにゆえすべての人が尊厳の感覚を有するのかである。しかし、ミルはそれを無条件に措定し断言している。となるとそれは、かれにとってそれ以上の理由づけを要しない自明の事実であることを意味する。根拠がもはや外側にないならば、問は内在的に答えられるしかない。すなわち、人が尊厳の感覚を有するのは、豚よりも人間の方が優れていると当人が評価しているからである。別言すれば、知的快（高次快）の享受者たることを喜び身体的快（低次快）しか享受できなければ不満を感じるのは、前者の方が「高級」で後者は「低級」だと当人がみなしているからであり、ひいてはそれは、人なら皆そのような評価を下すものだとミル自身が確信しているということを意味する。すなわち私が言いたいのは、ミルは、知的能力・活動・快が「高級」である一方身体的なそれらは「低級」であることを自明視しており、しかもその根底には、「人間は、残余の動物と共通の能力に加え知的能力を独占的に保持するゆえに最も優れた動物である」という基礎的理解が隠れているはずだということである。かれの採用した「高次／低次（higher/lower)」という評価語的な表現は、かれ自身の基礎的な――ある言い方をすれば論点先取的な――確信の産物であるといえよう。したがって、結局ミル自身の内に、人間固有の能力たる知的能力を発揮する生こそが「人間らしい」生——アリストテレスの言葉を使えば「幸福な生」——であるという基本的人間理解が存在していたことになろう。とすると、ミルは意外にも——すなわち選好テストの民主主義的な外観にも拘らず——、実はアリストテレスと同様、知的能力の発揮を中核に据えた本質主義的人間理解を保持していたと言えよう。そしてその人間理解は、もはやそれ自体は理由づけを必要とせず、むしろそれによって残余の主張が基礎づけられる類のものであった。ここに、アリストテレスの人間理解との親近性を看取できる。

7. アリストテレス——「優れた快」の内実（結びとして）

しかし、アリストテレスについては注意すべきことがある。確かに、かれもそのような人間理解を保持している。しかしながら、目下分析してきた第10巻第5章の議論に関して、無視できない事実がある。すなわちそれは、第1巻第7章において幸福を定義する際に人間における徳の内実を説明するなかで導入した「ロゴス」という概念への言及が、第10巻第5章では避けられていることである。第1巻第7章においてアリストテレスは、これまでも述べてきたように、一動物種としての人間のエルゴンの内実を考察することにより、人間が独占的に保持するロゴス性（知性・合理性）こそがまさにそれであると主張しており、それに即して幸福も、「徳に則した魂の活動」という表現と並んで「ロゴスを有する魂部分の行為的生」という表現によって定義づけている（1097b33-98a4）。しかも第1巻第7章と13章において人間のロゴス性は、知性そのものを働かせる（ロゴスを持つ）活動と知性のもとで知性以外の魂の諸部分を合理的に働かせる（ロゴスに従う）活動に分節され、その分節は知的徳と性格的徳という二分類へと引き継がれることで、『ニコマコス倫理学』の一連の本論が方向づけられることになる（1098a4-7,

1102b13-03b10)。とすれば、快の種的差異を論ずる第10巻第5章においてもアリストテレスは、活動の優劣をロゴス性の有無(当の活動が知的活動か否か、或いは合理的か否か)によって分別し、それを快の優劣の区別の基準として提示してもおかしくないし、むしろそのほうが自然であると言ってよいだろう。にも拘らず、かれは第10巻第5章では、エルゴン概念を導入しつつ自らの幸福概念を提示しておきながら、アレテーという概念を用いるにとどめ、ロゴスに言及することを控えているのである。そして幸福な生を成立させる活動については、「一つにせよ複数にせよ」(1176a26)という仕方で中身と数の問を留保している。こうしたやり方から汲み取られるのは、快の種的差異と優劣を、非独断的な仕方で可能な限り理論中立的に論証しようとする穏健な態度である。アリストテレスは一般的に言って、知的能力のなんらかの仕方での発揮こそが幸福な生であるという自身の基礎的見解を保持している。そして快の優劣についても、その基礎的見解に則した仕方で、優れた快と劣った快の中身を、ロゴス的活動に随伴する快と非ロゴス的活動に随伴する快という仕方で想定しているはずである。事実、快楽主義と反快楽主義の論争を検討する中で自身のアイディアを暫定的に提示する第10巻第3章では、「子供の享受する快だけを一生享受する生を選択する大人は誰一人いまい」という、ミルにも通ずる言明も見出される(1174a1-4)。しかしながらアリストテレスは、そうした自身の立場を敢えて傍らに置き、エルゴンと徳と幸福という概念のみをしかも概念的な仕方で導入することで「人間における優れた活動」を規定しようとしている。エルゴンは「タイプxの存在者に固有の機能」、徳は「存在者を〈優れたx〉たらしめるもの」、幸福は「xとして充実した生」というように、いずれも概念的なレヴェルで規定することが可能なものである。よって、アリストテレスが第10巻第5章で遂行したのは、人間におけるこれらの概念の中身をブランクにしたままでも成立し得る議論であり、論点先取を慎重に避けるやり方であったと言えよう。もちろん、幸福な生と幸福な活動の内実の具体的絞り込みは第6章以降の最終的な幸福論で進められるのであるから、その意味では「真の快」の中身も、活動と快の原理的連動関係ゆえに自動的に絞り込まれることになる。とはいえ、いやむしろだからこそ、アリストテレスは快論の段階では、幸福の中身についての理論的負荷のかからない懐の深いものに議論を仕上げているのだと言うことができる。

自身の幸福な生をどのような実質的内実を持つものとして想定し、どのような活動の十全な遂行を幸福な生の内実として追求するのか。現実の社会においてそれは人さまざまである。アリストテレスはそうした現実を踏まえつつ、自らの快論において、幸福な生における快の存在をできるかぎり理論中立的な仕方で――例えば（一般的な意味での）快楽主義者にも禁欲主義者にも共に説得的な仕方で――定位することに成功しているように思われる。

註

1 本書でギリシア語を表記する場合、ラテン文字に転写する。

2 telos は語義的には「終わり」「結果」「成就」を意味する。この「結果」が「ただの結果」ではなく、当の事象がその結果を目的としているという事態が成立している（つまり目的としての結果である）と考えるのが、アリストテレスにおける目的論の基本的立場である。アリストテレスの言う telos のそうした含意を最も汲み取った適訳は、英語であれば goal ではないかと私は考える。この英語はカナ表記でも（ある種の日本語として）定着しているため、本書では telos を「ゴール」「目的」あるいは「テロス」と適宜表記する。また、to hou heneka（それのためにであるところのそれ）や、四原因論の枠組みでの目的因を表わす to heneka tou aition（「何かのために」という意味での原因）などの表現も（アリストテレスによる術語として）存在する。

3 アリストテレス目的論的説明を駆使する対象は生物の中でも主として動物であり、植物への言及は少ないが、動物における口による栄養摂取と植物による根におけるそれを、両者の異同を開示しながら説明する場面などが見出される（P.A. II 365a2-32）。また、植物における目的性は、動物におけるそれほど顕著ではないにしても確固として内在していると明言している（Phy. II 8, 199b10f）。それは、本書第2章でみるように、自然の目的論がいかなる様式を有するかを考える上で重要な意味を持つ。

4 D. Furley, 'The Rainfall Example in Physics II 8', in *Aristotle on Nature and Living Things*, A. Gotthelf (ed), Pittsburgh and Bristol, 1985, pp.177-182, D. Sedley, 'Is Aristotle's teleology anthoropocentoric?', *Phronesis* 36, 1991, pp.179-196.

5 D. Charles, Teleological Causation in the Physics, in *Aristotle's Physics*, L. Judson (ed.), Oxford, 1991, pp.101-128.

6 D. Furley, op.cit.1985, D. Sedley, op.cit.1991, W. Charlton, *Aristotle's Physics Books I and II*, Clarendon Aristotle Series, Oxford, 1970, pp.120-121., 千葉恵『アリストテレスの目的論的自然観』I、北海道大学文学部紀要、１９９４、１５９—１６０頁.

7 第2巻第9章の「必然的な自然本性を有するものどもなしには〔目的論的生成は〕ない」という発言だけを単独でかつ最もミニマムな仕方で読むならば、「物質の持つ固有の性質（例えば火における熱さ）そのものは目的によるのでなく必然により、そうした固有の性質を持つ物質がなければ当の生成は実現不可能だろう（が、単にそれだけのことである）」といった趣旨にも解し得ようが、その発言に後続するアリストテレスの論述と『動物発生論』第5巻第8章の言及箇所を総合すれば、私の行うような理解が可能であろう、ということである。

8　アリストテレスに近代以降の機械論的自然観に連続する仕方での必然性を認めない論者にゴットヘルフ、ボームらがいる。A. Gotthelf, 'First principles in Aristotle's Parts of Animals', in *Philosophical Issues in Aristotle's Biology*, A. Gotthelf and J. Lennox (eds.), Cambridge, 1987, pp.197-198, D. Balme, *Aristotle's De Partibus Animalium I and De Generatione Animalium I*, Clarendon Aristotle Series , 1972, pp.76-101. それを限定付きで認める論者にチャールズ、クーパーらがいる。D. Charles, op. cit., 1991, 119-122, J. Cooper, 'Hypothetical Necessity and Natural Teleology', in *Philosophical Issues in Aristotle's Biology*, 1987, pp.243-274.

9　ゴットヘルフは目的因を、元素の力に還元不能な「形相に向かう力（potential for form）」として働くもの、ボームは質料の運動の舵取り的制御（cybernetic control）を行うものと解する。これらはアリストテレスの目的論を単純な物活論から救うにしても、目的因を前方視的に働くとする理解はかれらの内にあろう。Gotthelf, op cit., 1987, pp.204-230, esp. 217, Balme, 'Teleology and Necessity', in *Philosophical Issues in Aristotle's Biology*, 1987, p. 285.

10　このような図式とは異なる形でアリストテレスの生物目的論を捉える論者も存在する。例えばルニッセンは、動物の部分には心臓や魚のヒレなどのように当該動物の生存に不可欠な「核心的部分（vital parts）」と、（膀胱を補助する腎臓のように）核心的部分を補助する機能あるいは（動物のツノのように）付加価値的な機能を有するだけの従属的部分（subsidiary parts）があり、それぞれにおいて独立した様相の目的論システムが成立しているとみなしている。M. Leunissen, 'Nature as a good Housekeeper: Secondary Teleology and Material Necessity in Aristotle's Biology', in *Apeiron* 43.4, 2008, pp. 117-142., *Explanation and Teleology in Aristotle's Science of Nature*, Cambridge, 2010., M. Leunissen and A. Gotthelf, 'What's Teleology got to do with it? A Reinterpretation of Aristotle's Generation of Animals V', in *Phronesis* 55.4, 2010, pp. 325-356. それに対する私自身の応答は以下で行った。「アリストテレスにおける動物の目的論をめぐって——部分・必然性・目的論を／が基礎づけるもの——」『ギリシャ哲学セミナー論集』（ギリシャ哲学セミナー編）Vol. XIII、２０１６、33—47頁。アリストテレスが生物の部分のうちに目的因を見出すときには、種的形相を究極目的（究極の前提）とする条件的必然性の連鎖の枠内で考えられるはずだというのが、基本的な私の理解である。

11　自然（physis）と技術（technê）を比較考察する手法そのものは、アリストテレス哲学における基本的な探究法の一つである。さらにいえばそこには、物質的・制作的・医療的事象から魂に関わる事象（道徳的事象）を類比的に説明しようとするソクラテス・プラトンによるお馴染みの手法が、歴史的背景として控えている。

12　J. Cooper, 'Aristotle on Natural Teleology', in M. Schofield and M. Nussbaum (eds.), *Language and Logos: Studies in Ancient Greek Philosophy Presented to G. E. L. Owen*, Cambridge, 1982, p. 198.

13　S. Broadie, 'Nature and Craft in Aristotelian Teleology', in D. Devereux and P. Pellegrin (eds.), *Biologie, logique, et metaphysique chez Aristote*, Paris, 1990, pp.389-404.

14　physis は一般的な言語使用において「自然物（ta physei）」を指す場合もあることをアリストテレスは認めるが（II1, 193a31-33)、アリストテレスの学術的議論においては第一義的には「自然によるものの原理」を指す（cf. II1, 193a5-6)。

15　『自然学』第2巻第2章では、質料形相論の文脈で模倣テーゼが提示される。アリストテレスによれば、自然学者と技術修得者はどちらも「形相と質料の両方」即ち形相と質料の結合実体を知識対象とし、しかも形相と質料のそれぞれを互いに非離存的なものとして探究する（193b21-27)。アリストテレスは、技術修得者の探究様式がこのようならば当然自然学者のそれも然りということを、模倣テーゼを核に主張する。つまりそこでの「模倣」とは、同様の探究様式が自然と技術に認められ、かつ自然における方が本性上先であることを含意する。したがってここでも、第2巻第8章と同様、「模倣」は原理レヴェルにおいて成立するものである。

16　チャールトンは 199a15-16 について、「技術の実践は自然のふるまいの延長かもしくは複製（copy）でしかない」と解し、前者の例として医術と農業を、後者の例として絵画と舞踏を挙げる。チャールトンは模倣を芸術に、補完を芸術以外の技術に割り当てているように見受けられるが、模倣を芸術に限定する根拠は第2巻第8章のうちには存在しない。「模倣」を copy と表現し「自然物の模倣」と捉えるかれの理解の根底には、『詩学』の模倣概念との素朴な連続視が見出されるように思われるが、両者の関係は興味深いにしてもまずは区別されるべきである。 W. Charlton, *Aristotle's Physics Books I and I*, Clarendon Aristotle Series, Oxford, 1970, p.125.

17 ここで「われわれにとって先なるものから本性上先なるものへ」というアリストテレスの基本的探究姿勢を想起することができよう。すなわち、実はこの探究姿勢は、探究上（認識上の自明性）の先後関係と本性上の（存在論的）先後関係の相克によって成り立つということである。そしてこのことはテクネーアナロジーにおいては、類比の焦点（目的性）が実は自然の側に優れた仕方で見出されるという事態を意味する。

18 W. Charlton, op. cit., 1970, p.125.

19 アリストテレスは『形而上学』Z巻第7章で、「ヒト〔親〕がヒト〔子〕を〔種においては一なるものとして〕生む」(1032a25) というお馴染みの句に対応させて、ある意味では「健康は健康から、家は家から〔技術所有者の内にある形相としての健康や家から実際の健康体や家が生じる、という意味で〕生じる」と述べている (1032b11-14)。

20 個のレヴェルにおける行為の目的論は、アリストテレスにとっても事柄としても倫理学の場で探究される事柄である。なお、チャールズは第2巻第8章の議論を、「アリストテレスは「何かのため」という概念についての分析を提供していない」と総括する。チャールズは、第2巻第8章の有機体目的論が、意図的行為の主体のようにゴールとその手段の善に自覚的（sensitive）な「行為主体（Agency）モデル」なのか、それとも、有機体の部分やプロセスが、有機体のゴールに寄与する恒常的結果を産む機能を、当該の価値に気づくことなく有する、という仕方において存在する「機能（Function）モデル」なのかは判断できないとする。そしてチャールズは、アリストテレスの有機体目的論が「行為主体モデル」か「機能モデル」かという問題を第9章の分析に持ち越した上で、結局のところ、第9章における必然性の議論もその問題には中立的であるとしている。D. Charles, op.cit., 1991, pp.111-128.

21 あるいは、これに関連することを少し違った角度からいえば、アリストテレスは『詩学』において、人間による諸々の営みの中から「模倣」という営みに当てはまる事例を探し出して結果的に文芸、演劇、音楽、絵画、舞踊等々を枚挙しているのではなく、これらを「なにか一纏まりのもの」として当然のごとくあらかじめ措定した上で、それらはみな「模倣」という基礎的事態を共有しているのだ、という順序で思考している。そしてその「一纏まりのもの」として措定されたものどもは、とにかく事実として、われわれがふつう考える様々な芸術ジャンル（の大半）に相当している。以上の意味において、「アリストテレスにとって芸術とは模倣である」と表現することは許容されてよいと私は考える。

22　cf. S. Halliwell, *Aristotle's Poetics*, Duckworth, 1998 (2nd edition), pp.42-81.

23　実を言うと、引用箇所を含む第4章の導入部（1448b4-24）については、その論述構成に関する理解が解釈者の間で二分している。アリストテレスは当該箇所の冒頭（1448b4-5）で「2つの自然的原因が詩作を生み出した」と宣言した上で議論を開始するのであるが、ただしどれが一つ目でどれが二つ目なのかを明示せずに

（a）模倣することの快が人間に備わること（1448b5-8）
（b）模倣されたものによりもたらされる快が人間に備わること（1448b8-19）
（c）（韻律を含む）リズムとメロディが人間に備わること（1448b20-22）

を指摘し、これらについて卓越した天分を有する人々が即興劇を発展させた詩作を創始したと主張している（1448b22-24）。解釈者の見解は、

解釈X：第一の起源＝a、第二の起源＝b
（e.g. S. Halliwell, op.cit., 1998, pp.69-81, The *Poetics of Aristotle: Translation and Commentary*, The University of North Carolina Press, 1987, pp.78-79.）
解釈Y：第一の起源＝a＋b、第二の起源＝c
（e.g. G. F. Else, *Aristotle's Poetics: The Argument*, Harvard University Press, 1967.pp. 124-132.）

に二分している。私の目下の考察はbに焦点を当てたものであるため、私は基本的にこの論争からはできるだけ中立的な仕方で——すなわちいずれの解釈をとるとしても通用する仕方で——本論を展開しているつもりである。

ただ、ここでいくつかのことは述べておきたい。まず第一に、「模倣する（真似る）」という能動的行為に随伴する快（a）と、（ta mimêmaという受身的な表現により表わされるところの）「模倣されたもの」という受動的産物（作品）を鑑賞する者が得る快（b）は、共に「模倣」という概念を用いているとはいえ慎重に区別されるべきである。

第二に、aにおいて「模倣しそれにより快を覚えることを通じて人は学ぶ」という事態でいわれる「快」「学び」と、bにおいて「模倣されたものを観て学びが生じそれにより快を覚える」という事態でいわれる「快」「学び」は、字面の重複に過度に囚わ

れて混同されるべきではない。前者は「真似ることそのものに快が随伴し、真似が結果的に学びへと繋がる」というプロセスを経る一方、後者は、模倣されたものを考察することにより何かを学ぶ（理解する・知る）という事態に快が随伴すると考えられているからである。解釈Yを採るエルズは、「学ぶことはすべての人にとって喜びである」という理由節が、「模倣を通じて最初の学習を行う」ことと「醜い動物を巧みに模倣されたものをわれわれが見て喜ぶ」ことの両方の理由になっていると解するが、aとbにおける「快」と「学び」の関係性の違いを十全に捉えていない。（解釈Xを採りaを能動的模倣行為に、bを模倣されたものの受容行為に分節するハリウェルでさえも、そのように解してしまっている。Halliwell, op.cit., 1998, p.71.）

以上からさしあたり私が言いたいのは、仮に解釈Yを採るとしても、aとbは（いくら用いられる概念が重複していたとしても）それぞれ一纏まりの異なる議論であることは無視されてはならないということである。このことは、本論におけるbについての私の一連の分析そのものが根拠づけの役割を果たすであろう。なお、私自身の理解は、「第一の起源」は詩作に限らず芸術の営み一般に関わる（ただし一方aは制作に他方bは受容に関わる）事柄、「第二の起源」は詩作というジャンルに固有の事柄であり、両者の複合によって1448b21-24の主張が導かれているというものである。この理解は、

（i）あらゆる芸術は模倣である（すなわち模倣であることが芸術を芸術たらしめる基礎的事態である）という第1章の一般的規定

（ii）bで絵画（のみ）が事例として提示されること

（iii）「第一の起源」と「第二の起源」によって（芸術一般ではなく）詩作の成立に至ったとアリストテレスが発言していること（すなわち「第一の起源」をa、「第二の起源」をbと採ってしまえばこの発言との乖離が広がること）

を総合的に勘案すれば、ごく自然な理解であるように思われる。ただしこれの論証そのものが私のいまの考察の主題ではないので、当該の解釈論争についてはいちおう中立の立場を保持して本論の議論を進めている。

24 とはいえ「動物学の勧め」という観点からのみ言えば、動物学の初学者であればともかく専門家としての動物学者であれば、描かれた絵でないと冷静に観察できないようでは駄目で、質料的な意味でいくら気持ちの悪い動物や身体部分であってもその実物に対して尻ごみせず冷静かつ積極的に観察や解剖を行って知を獲得すべきであるということになろうが。

25　グデマンがそう読む。かれは『弁論術』の当該箇所に言及しつつ、男性形では思考が不当に制限されてしまうとしている。A. Gudeman, *Aristoteles ΠΕΡΙ ΠΟΙΗΤΙΚΗΣ*. Berlin and Leipzig, Walter de Gruyter, 1934, p.119.

26　Iamblichus, *Protrepticus, ch. IX*.

27　『詩学』の筋論にみられる自然モデルの影響については、以下でも論じた。「アリストテレス『詩学』における内在的目的論　――『自然学』と『詩学』――」（研究ノート）『愛知』神戸大学哲学懇話会編、第15号、２０００年、１２２―１３６頁。

28　Horatius, *Ars Poetica*, e.g. 1-37, 38-45, 99-118, 119-127.

29　１スタディオンはおよそ１８０メートル前後。よってここでの表現は極端な誇張である。

30　アリストテレスは、悲劇が恐れと憐れみを如何に効果的に聴衆に惹き起こすべきかを論じる際には、それらが筋の構造自体から生み出されるべきであることを強調する（1453b1-6）。また、これらの感情を惹起する重要な契機である逆転（peripeteia）と認知（anagnôrisis）のあり方を論じる際には、それらが筋を構成する一連の出来事の必然的な因果連鎖によって実現されねばならないと主張する（1452a18-22, 1455a16-20）。

31　M Nussbaum & H. Putnam, 'Changing Aristotle's Mind', in *Essays on Aristotle's De Anima*, M. C. Nussbaum and A. O. Rorty (eds.), Oxford, 1992, pp.27-56.　「〔アリストテレスにおける〕魂は〔二元論におけるように〕身体の中に住まうところの「それ（it）」ではなく、質料におけるそして質料の機能的構造のことである。質料はまさにその本性からして、生の機能を構成するところのものに他ならない（質料は、それに生の機能が還元され得るところのものではない）。」（p.56）

32　M. Burnyeat, 'Is an Aristotelian Philosophy of Mind Still Credible? (A Draft)', in *Essays on Aristotle's De Anima*, 1992, pp.15-26.

33　J. Ackril, 'Aristotle's Difinitions of Psuchê', *Proceedings of the Aristotelian Society*, 73, 1972-3, 119-33, repr. in *Essays on Plato and Aristotle*, Oxford, 1997, pp.163-178.

34　定義１と定義２に挟まる一文（hê de ousia entelecheia）で言われる実体は、前後の連結、および〈質料的実体＝可能態〉〈形相的実体＝完成態〉〈結合実体〉という明快な三分法（412a6-10）の提示から判断して、直前の定義１における「形相としての実体」を指すものと解する。

35 『自然学』第2巻の一連の議論は、「自然」の一般的規定にはじまり、質料的自然と形相的自然への自然の分節、それらの分節に依拠した四原因論の提示、偶然的説明の説明を経て、それらがかれの自然観の核とも言える有機体目的論の提示として収斂される、という道行きを有する。

36 『自然学』第2巻第8章では、「技術は自然を模倣する」(199a15-17)という一般的テーゼのもと、自然的事象が技術的事象に対し目的論的構造に関し原理的・本性的に優位にあることが提示される。この模倣テーゼと有機体目的論の関係については本書第2章で論じた。

37 有機体目的論における必然性の位置づけについては、本書第1章および次を参照されたい。茶谷直人「有機体目的論と「質料としての自然」――アリストテレス『自然学』第二巻における先行自然学者批判」『アルケー　関西哲学会年報』(関西哲学会編)第8号、2000年、88―98頁。

38 ホワイティングは、生物の「質料」に(1)有機体身体全体および異質部分(および機能的に規定される意味での等質部分)と(2)それら部分を構成する元素という区別を設ける。そして、(1)においては魂の内在は必然的であり、それは「生きている身体」として同名異義原理の適用を受ける一方、(2)は死後も存続し、魂の内在という事態は元素にとっては偶然的であるとし、アリストテレスにおいても機能主義者の言うところの、身体と心のcontingentな関係は保持されているとする。彼女の区別は私のそれと基本的に連続線上にあると思われるが、ただし私の区別は、異質・等質部分と元素への質料の分類というよりもむしろ、身体を魂の最近質料として捉えるかそれとも元素の本性を基礎とするものとして捉えるか、という視点の違いによるものである。J. Whiting, 'Living Bodies', in *Essays on Aristotle's De Anima,* 1992, pp.75-91, esp. pp.77-85.

39 J. Ackril, 'Aristotle's Difinitions of Psuchê', *Essays on Plato and Aristotle,* Oxford, 1997, pp.163-178, esp.p.169.

40 M. Burnyeat, 'Is an Aristotelian Philosophy of Mind Still Credible? (A Draft)', in *Essays on Aristotle's De Anima,* 1992, pp.15-26.

41 アリストテレスの魂論の機能主義的解釈としては、ナスバム&パトナムの他、アーウィン、シールズ、ウェディンらが挙げられる。T. Irwin, 'Aristotle's philosophy of mind', in *Companions to Ancient Thought 2 Psychology,* S. Everson (ed), Cambridge,1991, pp.56-83., C. Shields, 'The First Functionalist', in *Historical Foundations of Cognitive Science,* J.C. Smith (ed), Kluwer Academic

Publishers, 1990, pp.19-33., M.V. Wedin, *Mind and Imagination in Aristotle*, Yale University Press, 1988.

42　このことは一番目の引用箇所（1045a24-25）においてとりわけそうであり、始動因が導入される二番目の引用（1045a30-33）においてさえも、「可能態においてある（on）ものが現実態においてある（einai）ことの原因は」と言われ、「現実化する」ないし「現実態に成る」といった生成レヴェルの表現が慎重に控えられていることは注目すべきである。

43　第2巻第1章の一連の議論では活動性・運動性をしばしば含意するenergeiaではなく、語義上「完成状態（テロスの内にあること）」を意味するentelecheiaが一貫して用いられていることも、そこでの可能態—現実態論が通時的なものというよりも存在レヴェル（共時的レヴェル）において語られることの一つの徴と言えよう。ただしenergeiaとentelecheiaについてはアリストテレスにより相互置換的に使用される場面もあるため、これらの区別について断定はひとまず避けたい。なお本章における「完成態」という表現は、通常「現実態」と訳されるenergeiaと便宜上区別するため、entelecheiaの語義に則してそれに暫定的に充てられたものである。

44　身体における可能態と完成態の無矛盾的両存を見る解釈としては、ホワイティングが挙げられる。身体が完成態としても可能態としても位置づけられることについて彼女は次の二つの議論を提示する。（1）まず、「本質的に生きている身体」が可能態としても特徴づけられることについては、そこでの完成態（生の現在）が、可能態と両立しそれを含意する仕方で存在しているものと考えられると理解する。即ち、身体の可能性の現在であるところの「生きている」という事態は、そもそもそれに対応する可能態（最近質料としての有機的身体）が不在であれば生じ得ないとされる。（2）一方、身体が可能的に生きることが同時に現実に生きることを意味することについては、（a）生きている身体は自然物として変化の内的原理を有すること、および（b）生物の場合魂が身体の生の始動因として位置づけられることに着目しつつ、「生きている身体」に始動因が内在してこそそれが「可能的に生きている」と言い得るのだから、身体はそれに魂が内在するときかつそのときにのみ「可能的に生きている」と言える、とされる。

　以上の彼女の理解のうち（1）が私の理解に親近的であると思われるが、私としては、同名異義原理、および本書で言うところの「存続の可能態」という視点は、生物にのみ限定されたものというよりもむしろ、形相とそれに直接対応する最近質料という関係を有する存在者についての存在論的テーゼとして、より一般的な文脈において成立するものと思われる。ただし生物と技術品には、当の形相が内的なものか外的に賦与されたものであるかという差異がある以上、生物における魂と身体の関係は、アリストテレスにとって、質料形相論そして可能態—現実態論を適用するまさに典型的な場面であることは確かであろう（それは典型であると同時に皮肉にも最も難解な例であろうが）。 J. Whiting, 'Living Bodies', in *Essays on Aristotle's De Anima,* 1992, pp.75-91, esp. pp.88-91.

45 ここで言うpsychêが生命原理全般を指すことを考えれば「心身」という表現は正確でないが、心の哲学の慣例に便宜的に倣う。

46 Irwin, 'Aristotle's philosophy of mind', in *Companions to Ancient Thought 2 Psychology,* S. Everson (ed), Cambridge,1991, pp.56-83, esp. p.76., M Nussbaum & H. Putnam, 'Changing Aristotle's Mind', in *Essays on Aristotle's De Anima,* M. Nussbaum and A. Rorty (eds.), Oxford, 1992, pp.27-56. なお、既に述べたようにアリストテレスの魂論を唯心論的に解釈し現代的考察を拒む解釈もある。M. Burnyeat, op.cit., 1992, pp.15-26.

47 本章ではテキスト上混乱が深刻な知性の問題については留保し、現代心身論の主要考察対象である感覚や情動に考察を限定する。

48 T. Irwin, op.cit., 1991, esp. p.62. アーウィンのこの指摘の意図は多重実現可能性にあるのではないが、それに繋がり得る指摘ではある。

49 C. Shields, 'The First Functionalist', in *Historical Foundations of Cognitive Science,* J.C. Smith (ed), Kluwer Academic Publishers, 1990, pp.19-33, esp. Section 2.

50 S. M. Cohen, 'Hylomorphism and Functionalism', in *Essays on Aristotle's De Anima,* 1992, pp.57-73, esp. pp.59-60, Shields, op.cit., p.23

51 Shields, op. cit.1990, pp.23-24.

52 Cohen, op.cit., 1992, p.59

53 Shields, op.cit., 1990, pp. 21-22

54 S. Everson, *Aristotle on Perception,* Oxford, 1997, pp. 60-69. かれは、そもそも「身体」を身体部分を指すもの、「魂」を部分の能力を指すものと解し、身体全体に対する統一的魂は端的には存在しないとする。

55 S. Menn, 'Aristotle's Definition of Soul and The Programme of The De Anima', *Oxford Studies in Ancient Philosophy,* v.22, Oxford,

2002, pp.83-139. かれも道具類比説をとるが、機能概念が類比の焦点であることをやや軽視している。

56 A.P.Bos, *The Soul and Its Instrumental Body*, Brill, 2003, Ch.5.

57 それは、economy や psychology も同様の事情であるのと同じ意味においてである。

58 さらに言えば、幸福な生の候補に挙げられる「名誉を追求する生」は、アリストテレスによれば――名誉が徳（aretê）の保持に対する一種の報酬であると言える意味で――「アレテーの保持を目指す生」にパラフレーズ可能なだけに（I5, 1095b22-1096b4）、いわゆる知徳一致の立場をとるソクラテス由来の伝統を考え合わせれば、なおのこと善のイデア説批判が必須であったといえる。

59 cf. M.Woods, *Aristotle Eudemian Ethics Books I,II, and III*, Second Edition, Oxford, 1992, pp.70ff.

60 善のイデア説批判は通念的・教科書的にはアリストテレスによる「イデア論一般の否定論」の中心に据えられることが多いが、実際には、イデア論全般を否定するための十分条件となる論駁が必ずしも企図されているわけではないということである。

61 ただし、「果たしてアーギュメントとして成功しているのか？」「論敵はそれで納得するのか？」といった類いの批判的分析は、「はじめに」で述べた本章の議論の趣旨に関連する範囲内にとどめる。

62 論駁Dは、論駁の対象と方法が極めて不明瞭であり一連の論駁のなかでも理解困難であるが、ここで俎上に上げられている主張は、プラトン自身のイデア論というよりも、プラトンの死後アカデメイア内で提起された亜流イデア論であると考えられる。おそらくそこでは、善のイデアを数（1）と同定するような、ピュタゴラス的要素を含む主張が優勢的に存在していたと推測される。

63 本論駁はその妥当性に関してしばしば疑義が提示される。直観的・通念的に言って「束の間のよさ」よりも「恒久的なよさ」の方が「よりよい」と考えられるであろう以上、「白」「人間」のケースと「よい」の類同化には無理があると思われるからである。こうした疑義に対しては「概念自体の一義性がここで問題にされているだけである」との理解も可能であろうが、そう解すると当然、次節で検討する「〈よい〉の帰一的構造」との整合性が問題となる。

64 いわゆる両刀論法を採用した論駁。譲歩の理由は定かではないが、譲歩された内容の立場を採る論陣がアカデメイアにみられたとの推測が可能である。いずれにせよポレミカルな性格を持つ論駁であろう。なお、（ii）の角についてはプラトニストは納得しないであろう。各事例の定義は違えどそれらいづれもがまさに「よい」と語られることの根拠こそ、善のイデアの存在ではないかと考えるだろうからである。この種の再反論は、総じて言えば、「よい」の多義性を強調するアリストテレスの論駁に関して解釈者により向けられるものである。e.g. Woods. op.cit., 1992, pp.67.

65 コスマンもkaiをhendiadysとして読む。L. A. Kosman, 'Predicating the Good', *Phronesis*, n.13,1968, p.171.

66 魂の部分論については、アリストテレスにおいては『デ・アニマ』第2巻第2章における議論の基礎づけが存在する。そこでは魂の諸能力が、生物があまねく有するところの栄養摂取能力を基底として、動物のみが有する感覚能力・欲求能力、ヒトのみが有する知的能力といった仕方で、階層的な仕方で列挙される。

67 皮肉なことに、アリストテレス解釈の次元で言えば、実体と幸福の内実についてのかれ自身の立場の確定が困難であるという点までもが平行的である。

68 塩出彰「アリストテレス『ニコマコス倫理学』における「幸福」について」（『人文研究』大阪市立大学大学院文学研究科紀要第53巻第1分冊、2001、1―14頁）などを参照。

69 「ある」はともかく、「よい」の多義性の問題がなにゆえ第一哲学に一層固有なのか、という素朴な疑問がわれわれには生じようが、ここではそれは問わない。「よい」の多義性をめぐる議論は一種のメタ倫理学的作業であるため、この作業に当該議論で仔細に関わるのは、人がその探究を通じて実際に「幸福になる」「よく生きる」ことを目指すというかれの考える倫理学の基本的趣旨との乖離を講義の受講者に印象づけることになりかねない、との懸念があったのかもしれない。

70 帰一性と「アナロギア」を類同視していると考えられる例については、J.O.Urmson, *Aristotles Ethics*, Oxford,1988. の第一章補遺、朴一功訳『ニコマコス倫理学』京都大学学術出版会、2002の当該注（23頁）など。

71 「存在の類比」について定式的な単純化のみを行っておけば、基本的発想としてはアリストテレスの論じる「ある」の帰一的構造（中世的語彙で言えばanalogia attributionis）を出自とし、それにプラトン的な分有思想を加味することで編み出されたものである。

72 G.E.R.Lloyd,'The role of medical and biological analogies in Aristotle's Ethics', *Phronesis*, n.13,1968, pp.68-83.

73 アリストテレスによれば、philiaは、通念的にいって、有徳な人あるいは幸福な人には当然見出されるはずのものであるが、ただし徳（特に、かれの中庸論図式が当てはまるような意味での性格的徳）そのものであるわけではない。いわば徳に準じたものである（cf. E.N.VIII1,1155a4)。確かに、『ニコマコス倫理学』第4巻第6章では性格的徳の一つとして挙げられごく簡単に論じられてはいるが、ただしそこで考察対象となっているphiliaとは、人付き合いにおけるいわゆる「愛想のよさ」「人当たりのよさ」という意味で使われるそれにすぎない。

74　中核事例の定義を制限づけること（qualifying）により派生的事例の定義がされる、という意味で諸愛に一定のfocalityを譲歩的に認めるウォーカーでさえも、諸愛に「医術的」「健康的」の場合と同様の定義上の包含関係を認めること（中核事例の定義を操作することにより派生事例の定義が成立するという意味での厳密なfocality）は認めていない。A.D.M.Walker, 'Aristotle's account of Friendship in the Nicomachean Ethics', *Phronesis*, 24 (1979), pp.180-196.

75　W.W. Fortenbaugh, 'Aristotle's Analysis of Friendship: Function and Analogy, Resemblance, and Focal Meaning', *Phronesis*, 20 (1975), pp.51-62.　なおフォーテンボーは、『ニコマコス倫理学』ではこの類比的類似性とは別に「単純類似性」も見出されるとする。これは、善ゆえの愛における目的である（相手の）善が「快適」でも「有益」でもあるとのアリストテレスの主張（1157a2-3）が、善ゆえの愛を媒介者（mediator）とした三者の愛の類似性を意味すると解するものである。ただし、この（善ゆえの愛が単に媒介的機能を果たすだけの）単純類似性は、（派生的事例が定義上中核事例に依存する）帰一性とはあくまで図式上異なるものであり、よって『エウデモス倫理学』における帰一性の内実を合理的に理解するためにこの単純類似性の図式を援用できないとフォーテンボーは解する。

　これに対してウォーカーは、フォーテンボーにおける類比説の核心となる「各愛はそれぞれの機能によって定義される」とする説について、（1）人工品などにおける「機能」概念と行為の意図としての「目的性」概念の混同、（2）「事物における機能の現在」から「事物の機能による定義づけ」という論理的飛躍などの難点を、幾重にも指摘し論難している。Walker, op.cit., 1979. 私も、アリストテレス哲学における目的概念・目的論の多様性・多層性を鑑みれば――例えばかれは当事者の意図抜きの目的論的システムを有機体事象のうちに認める（cf. Phy. II8, 199a20-33）――、フォーテンボーの概念上的混乱は深刻であると解する。

76　コスマンもkaiをhendiadysとして読む。L. A. Kosman, 'Predicating the Good', *Phronesis*, 13 ,1968, p.171.

77　魂の部分論については、アリストテレスにおいては『デ・アニマ』第2巻第2章における議論の基礎づけが存在する。そこでは魂の諸能力が、生物があまねく有するところの栄養摂取能力を基底として階層的な仕方で列挙される。

78 このことは、『形而上学』における「健康的」のケースにおいて、個々の事例（例えば野菜、体操、顔色）が（栄養学、体育術、色彩論というように）領域限定的に把握可能である一方で、「医術」がそれら多様な事象を統括的にフォローしもするという事態とも類比的であろう。

79 この類似性の議論を柱とする『ニコマコス倫理学』の関連箇所で、愛の帰一性の問題をどのように考えるのか（focalityを認めるか否か）については、おおむね三つの解釈の方向性がある。

（1）「健康的」の事例と同様にfocalityが認められる（オーウェン）。オーウェンの基本的立場は、『エウデモス倫理学』の愛論において萌芽的にfocalityの知見が登場し、それが『形而上学』における存在の――諸事例間の論理的・定義的先後関係を含意する――focalityの理論にまで発展した、とするものである。そして、『ニコマコス倫理学』の愛論でも『エウデモス倫理学』と同じ発想が、発展的に（つまりfocality概念を通じ、諸善をめぐる統一学の成立可能性が諸存在をめぐる統一学と類比的に主張されるという仕方で）追認されているとみなす。ただしかれはその典拠として1157a25-36ではなく1156b19-21, 35-1157a3に（しかも何らの解説も抜きで）言及する。これらの箇所は、善ゆえの愛には快（ゆえの愛）や有用性（ゆえの愛）も見出されるので三者は類似している、という趣旨の議論である。G.E.L.Owen, 'Logic and Metaphysics in Some Earlier Works of Aristotle', in Düring and Owen (eds.), *Aristotle and Plato in the Mid-Fourth Century,* Göteborg, 1960, pp.164-172, esp. p.169

（2）focalityは認められず、三つの愛の間には類比的関係が認められる（フォーテンボー）。（本章第3節および本書の註75を参照。）

（3）focalityは(少なくともロゴス上の包含関係の非対称性という点に関しては)認められず、一定の類似関係のみ認められる(ウォーカー)。三種の愛は、一方善ゆえの愛が愛成立の三要件（愛好の相互性／相手の善の希求／相互的愛好・善意の気付き）を十全に満たし、他方残余の愛がそれらを不十全に（つまり限定的にのみ）満たす意味で、類似かつ非類似している。Walker, op.cit., 1979.

これらに対して、私の理解を相対化しておきたい。「『ニコマコス倫理学』でfocalityが認められているのか、認められていないなら果たしてhomoiotêsをどう理解すればよいのか」という問い・懸念は、或る意味では杞憂である。というのも、homoiotêsの議論が仮に『エウデモス倫理学』における帰一性の議論と内実を異にするものだったとしても、後者において愛の帰一的構造そのものが合理的に解釈され、かつその解釈が前者の議論内容と矛盾をきたさないのであれば、それで問題はないからである。（問題はない）とは、『ニコマコス倫理学』で帰一的構造への言及がなかったとしても、その事実はアリストテレスが愛の帰一性を否定していることを含意しないということである。そして私は本論で、両者には矛盾がないどころか一定の親近性が見出されることを示そうとしている。

80　クーパーは dia の読みに関して後者の選択肢を採るわけだが、それは、「相手の善の希求」という愛の成立要件を、三つの愛全てに関して一定の仕方で満たせしめようとするものである。J.M. Cooper, 'Aristotle on Friendship', in *Essays on Aristotle's Ethics*, A.O.Rorty (ed.), California, 1980, pp.308-312.

81　ミルの著作については、*The Collected Works of John Stuart Mill*, University of Toronto Press, London. における章（ローマ数字）と段落番号（アラビア数字）を記した（*Utilitarianism* は vol. X. 1969, *On Liberty* は vol. XVIII. 1977）。著作名は断りのない限り『功利主義論』である。

82　私の理解では、快論で導入される完全性概念には三つの局面が存在する。

（a）快が運動（kinêsis）や過程（genesis）とは異なることを示す際に導入される完全性。例えば、運動・過程はそれが終了してはじめて完全なものとなるのに対し、快は、見るという行為と同様、快を得ているその瞬間瞬間において当の形相性が成就しており、どの時点においても当の快は「完全（teleia）」である。（X4, 1174a13-b14）この意味での完全性は、第七巻においても（完全性という語の導入はないが）議論される。

（b）活動は、その能力がよい状態にありかつ麗しい対象に向けてなされる時「完全（teleia）」である。（X4, 1174b14-23）

（c）「快は活動を完成させる」と言われる際の完全性。（X4, 1174b14ff）

本章が主に扱うのはｃである。アリストテレスの快論をめぐる従来の解釈論争は、（ア）第7巻と10巻との整合性（快を「本性に即した状態の妨げられない活動」と捉える前者と、快を「活動に随伴し活動を完成させるもの」と捉える後者の整合性）、および（イ）ａの議論そのものの合理性（時制テストによる区別がそもそも成り立つのか）を焦点としてきた。（e.g. A.O. Rorty, 'The

Place of Pleasure in Aristotle's Ethics', *Mind*, New Series, vil.83, no.332, Oxford, 1974, pp·481-497）私のここでの考察は、快の種的差異という問題からcの内実にアプローチすることが趣旨であるため基本的にそれらの解釈論争を避けて通ることを弁解しておくが、ただし諸局面の区別（特にbとcの区別）が重要であることは本章で示している。

83 第10巻第3章では、快を最高善とする立場から一定の距離を置く議論の中で、快が随伴しなかったと仮想しても人が選好するような種類の活動（例・見ること、知ること）が存在するとされる（1174a4-6）。なお健康と快の比喩については、私は、快のテロス的（或いは非始動因的）性格を暫定的に示すものであり（よって目的「因」とまで解す必要はなく）、どのような意味でのテロス性なのかは1174b31-33で規定されていると解する。

84 「完全な活動」と言われる意味での完全性と、「快が活動を完成させる」と言われる意味での完全性を混同しなければ、「活動に後行するものによって活動が初めて成立するという不条理が見られる」という類のアポリアは杞憂であることが了解できる。

85 以上を含意すると私が解する1174b31-33を私は、「快は活動を完成させる」という事態そのものの内実の説明であると捉える。すなわち、「完成」と並行して「随伴」があるわけでも、完成という事態が成立する際の状況が説明されているわけでもない。シールズは、活動の随伴者としての快が活動の単なる副産物ではなくある種の始動因的な含意を伴うことを指摘する仕方で、完成と随伴の両立性を提示する。この指摘そのものは的確であるとはいえ、「快は活動を〈完成させるもの〉でありながら〈随伴物である〉という主張は不条理である」というアポリアそのものが杞憂であろう。C. Shields, 'Perfecting pleasures: the metaphysics of pleasure in Nicomachean Ethics X', *Aristotle's Nicomachean Ethics: A Critical Guide*, J. Miller (ed), Cambridge, 2011, pp.191-210, esp. 210.

86 例えばゴンザレスは、（イ）については、『デ・アニマ』の認識論や『形而上学』の神論に言及しつつ、活動の純粋さ（活動と対象の形相的同一性）に所在を求め、（ロ）については、「最も快い」の「最も」を、快の量ではなく、快が活動に内在する（活動自体が快い）という快の質的あり方を含意するものと捉え、知的活動が該当するとする。F. J. Gonzalez, 'Aristotle on Pleasure and Perfection', *Phronesis*, v.36-2, pp.141-159, 1991.

87 以下において私がミル『功利主義論』の当該テクストを扱う際のスタンスもこれと同様である。すなわち、当該テクストにおけるかれの言明をリテラルに（つまり素直に）受け取り、そのように素直に受け取った議論をここでの考察対象（つまりアリストテレスとの比較対象）とすることにする。つまり、ミル研究という場面においては解釈の幅があるのであろうけれども、それは尊重しつつ脇に置く、という意味である。私はこの考察で「新しいミル解釈」を世に問おうとしているのではない。

88　ミルは尊厳の感覚を語る際、知的な者や教養ある者からそうでない者に自分から転じたいとは誰も思うまいと言うのであって、上位快の享受を望み下位快を忌避する感覚が尊厳の感覚だという言い方はしない。すなわち欲求と忌避の対象は、当の能力の行使者だということになる。

89　「尊厳の感覚」がそれ自体快苦でありしかもそれが幸福と密接に関連していることが、以下で指摘されている。米原優「ミルの快楽説：高級な快楽が低級な快楽より望ましいのはなぜか」『静岡大学教育学部研究報告』人文・社会・自然科学篇64、2013、47―59頁、特に54―55頁。

文献表

アリストテレスのテクストについて

アリストテレスのテクストは基本的にOxford Classical Texts（OCT）を用いた。引用箇所の表記については、慣例に倣いベッカー版のページ番号・段記号・行番号を記した。著作名の略記については、以下の通りである。巻数と章数を略記する場合、前者についてはローマ数字（『形而上学』のみギリシア文字）で、後者についてはアラビア数字で表した。

Phy.	『自然学』（Physica）
H.A.	『動物誌』（De Histolia Animalium）
G.A.	『動物発生論』（De Generatione Animalium）
P.A.	『動物部分論』（De Partibus Animalium）
G.C.	『生成消滅論』（De Generatione et Corruptione）
De An.	『デ・アニマ（魂について）』（De Anima）
Met.	『形而上学』（Metaphysica）
Meteo.	『気象論』（Meteologica）
E.N.	『ニコマコス倫理学』（Ethica Nicomachea）
E.E.	『エウデモス倫理学』（Ethica Eudemia）
Pol.	『政治学』（Politica）
Rhet.	『弁論術』（Ars Rhetorica）

Poet.　『詩学』（Ars Poetica）

翻訳について主に参照したものは以下の通りである。

『アリストテレス全集』全17巻、出隆、山本光雄監修、岩波書店、１９６８—７２
『魂について』中畑正志訳、京都大学学術出版会（西洋古典叢書）、２００１
『ニコマコス倫理学』朴一功訳、京都大学学術出版会（西洋古典叢書）、２００２
『動物部分論・動物運動論・動物進行論』坂下浩司訳、京都大学学術出版会（西洋古典叢書）、２００５
『アリストテレース詩学　ホラーティウス詩論』松本仁助、岡道男訳、岩波文庫、１９９７
『アリストテレス「哲学のすすめ」』廣川洋一訳、講談社学術文庫、２０１１

引用文献・主要参照文献

Ackrill, J.L., 'Aristotle's Difinitions of Psuchê', *Proceedings of the Aristotelian Society,* Vol. 73, Oxford, 1972-1973, pp. 119-133, repr. *Essays on Plato and Aristotle,* Oxford, 1997, pp. 163-178

相澤　康隆「アリストテレスのフィリア論における三種類の友愛——友愛の利他性をめぐって」、『哲学雑誌』第１２６巻第７９８号、哲学界編、２０１１、１０４—１２５頁

——「どのような友人をどれくらい作るべきか——アリストテレスの友愛論」、『論集』第17巻、三重大学人文学部哲学・思想学系、２０１６、64—84頁

Balme, D. M., *Aristotle's De Partibus Animalium I and De Generatione Animalium I,* Clarendon Aristotle Series, 1972

—— 'Teleology and Necessity', in *Philosophical Issues in Aristotle's Biology,* A. Gotthelf and G. Lennox (eds.), 1987, pp. 275-286

Beere, J., *Doing and Being: An Interpretation of Aristotle's Metaphysics Theta,* Oxford, 2010

Bos, A. P., *The Soul and Its Instrumental Body,* Brill, 2003

Bostock, D., *Aristotle Metaphysics Books Z and H,* Clarendon Aristotle Series, 1994

Broadie, S. W., 'Nature and Craft in Aristotelian Teleology', in *Biologie, logique et métaphysique chez Aristote,* D. Devereux and P. Pellegrin (eds.), Paris, 1990, pp. 389-404

—— *Ethics with Aristotle,* Oxford, 1991

Burnyeat, M., 'Is an Aristotelian Philosophy of Mind Still Credible? (A Draft)', in *Essays on Aristotle's De Anima,* M. Nussbaum and A. O. Rorty (eds.), Clarendon Aristotle Series, Oxford, 1992, pp. 15-26

Butcher, S. H., *Aristotle's Theory of Poetry and Fine Art,* Dover, 1951

Charles, D., 'Teleological Causation in the Physics', in L. Judson (ed.), *Aristotle's Physics: A Collection of Essays,* L. Judson (ed), Oxford 1991, pp. 111-128

Charlton, W., *Aristotle's Physics Books I and II,* Clarendon Aristotle Series, Oxford, 1970

茶谷 直人「アリストテレス『詩学』における内在的目的論 ——『自然学』と『詩学』——」(研究ノート)、『愛知』神戸大学哲学懇話会編、第15号、２０００、１２２—１３６頁

——「自然と技術のアナロジー——アリストテレス『自然学』第２巻における有機体目的論展開の一方策」、『哲学』第51号、日本哲学会編、２０００、１６０—１６９頁

——「有機体目的論と「質料としての自然」——アリストテレス『自然学』第二巻における先行自然学者批判」、『アルケー　関西哲学会年報』関西哲学会編、第８号、２０００、88—98頁

——「アリストテレス『デ・アニマ』Ｂ巻第１章における魂の定義と同名異義原理」、『文化学年報』(神戸大学大学院文化学研究科) 第24号、２００５、97—１１９頁

——「アリストテレスにおけるアナロギアの諸相」、『愛知』第27号、神戸大学哲学懇話会編、２０１５、37—49頁

――「アリストテレスの心身論におけるテクネーアナロジーと機能主義」、『アルケー　関西哲学会年報』関西哲学会編、第14号、２００６、１０４―１１５頁

――「善の帰一性と善のアナロギア――アリストテレス倫理学における善のイデア説批判について」、『神戸大学文学部紀要』第36号、２００９、45―67頁

――「アリストテレスにおける愛の帰一性」、『倫理学年報』第63集、日本倫理学会篇、２０１４、85―98頁

――「アリストテレスにおける動物の目的論をめぐって――部分・必然性・目的論を／が基礎づけるもの――」、『ギリシャ哲学セミナー論集』Vol. XIII、ギリシャ哲学セミナー編、２０１６、33―47頁

――「アリストテレス芸術論における快と自然美――「模倣されたもの」の受容による快をめぐって」、『神戸大学文学部紀要』第45号、２０１８、45―64頁

千葉恵「アリストテレスの目的論的自然観Ⅰ」、『北海道大学文学部紀要』第42巻2号、１９９４、１４９―１７０頁

――「アリストテレスの目的論的自然観Ⅱ」、『北海道大学文学部紀要』第42巻3号、１９９４、１１５―１３１頁

――「アリストテレス「自然学」Ⅱ９における目的と必然性」、『西洋古典学研究』第42巻、日本西洋古典学会編、１９９４、47―56頁

――「アリストテレスの心身論のパズルと質料形相論」、『北海道大学文学部紀要』第44巻3号、１９９６、7―40頁

――『アリストテレスと形而上学の可能性――弁証術と自然哲学の相補的展開』、勁草書房、２００２

――「アリストテレスの様相存在論――ロゴスとエルゴンの相補的展開――」、『北海道大学文学研究科紀要』第１５０号、２０１６、１―１５７頁

Cohen, S. M., 'Hylomorphism and Functionalism', in *Essays on Aristotle's De Anima*, Clarendon Aristotle Series, Oxford, 1992, pp. 57-74

Cooper, J. M., 'Aristotle on Friendship', in *Essays on Aristotle's Ethics*, A.O.Rorty (ed.), California, 1980, pp. 301-340

――'Aristotle on Natural Teleology', in *Language and Logos: Studies in Ancient Greek Philosophy Presented to G. E. L. Owen*, M. Schofield and M. Nussbaum (eds.), Cambridge, 1982, pp. 197-222

――'Hypothetical Necessity and Natural Teleology', in *Philosophical Issues in Aristotle's Biology*, 1987, pp. 243-274

Corcilius, K., 'Aristotle's definition of non-rational pleasure and pain and desire', *Aristotle's Nicomachean Ethics: A Critical Guide*, J. Miller (ed.), Cambridge, 2011, pp. 117-143

Dahl, N. O., 'Contemplation and Eudaimonia in the Nicomachean Ethics', *Aristotle's Nicomachean Ethics: A Critical Guide,* J. Miller (ed.), Cambridge, 2011, pp. 66-91

Else, G. F., *Aristotle's Poetics: The Argument,* Harvard University Press, 1967

Everson, S., *Aristotle on Perception,* Oxford, 1997

Fortenbaugh, W. W, 'Aristotle's Analysis of Friendship: Function and Analogy, Resemblance, and Focal Meaning', *Phronesis,* 20, 1975, pp. 51-62.

—— *Aristotle's Practical Side. On his Psychology, Ethics, Politics and Rhetoric.* Brill, 2006.

Furley, D., 'The Rainfall Example in Physics II 8', in *Aristotle on Nature and Living Things: Philosophical and Historical Studies,* A. Gotthelf (ed.), Pittsburgh and Bristol, 1985, pp. 177-182

Gonzalez, F. J, 'Aristotle on Pleasure and Perfection', *Phronesis,* v.36-2, 1991, pp. 141-159

Gotthelf, A., 'First principles in Aristotle's Parts of Animals', in *Philosophical Issues in Aristotle's Biology,* Cambridge, 1987, pp. 167-198

Gudeman, A., *Aristoteles ΠΕΡΙ ΠΟΙΗΤΙΚΗΣ,* Berlin and Leipzig, Walter de Gruyter, 1934

Halliwell, S., *The Poetics of Aristotle: Translation and Commentary,* The University of North Carolina Press, 1987

—— *Aristotle's Poetics,* Duckworth, 1998 (2nd edition)

廣川 洋一『古代感情論　プラトンからストア派まで』、岩波書店、２０００

Horatius, *Ars Poetica.*

Iamblichus, *Protrepticus.*

Irwin, T., 'The Metaphysical and Psychological Basis of Aristotle's Ethics' in *Essays on Aristotle's Ethics,* California, 1980, pp. 35-53

—— 'Aristotle's philosophy of mind', in *Companions to Ancient Thought 2 Psychology,* S. Everson (ed.), Cambridge, 1991, pp. 56-83

—— 'Beauty and morality in Aristotle', *Aristotle's Nicomachean Ethics: A Critical Guide,* J. Miller (ed.), Cambridge. 2011, pp. 239-253

岩田 靖夫『アリストテレスの倫理思想』、岩波書店、１９８５

Johansen, M. R., *Aristotle on Teleology,* Oxford, 2005

河谷 淳「アリストテレスにおける偶運の射程」、『哲学』第51号、日本哲学会編、２０００、１７０―１７９頁

――「「様相の哲学」としての『詩学』」、『理想』第969号、2016、15―25頁

神崎 繁「「魂の部分」をめぐって――アリストテレス『デ・アニマ』の構想」、『思索』第28号、東北大学哲学研究会編、1995、35―66頁

Kirwan, C., *Aristotle Metaphysics Books gamma, delta, and epsilon Second Edition,* Clarendon Aristotle Series, 1993

Kosman, A., 'Predicating the Good', *Phronesis,* 13 1968, pp. 171-174

国越 道貴「目的論と自然選択説 ――アリストテレスの生物学への一視点」、『哲学論文集』第36巻、九州大学哲学会編、2000、39―56頁

Leunissen, M., 'Nature as a good Housekeeper: Secondary Teleology and Material Necessity in Aristotle's Biology', in *Apeiron* 43.4, 2008, pp. 117-142

―― *Explanation and Teleology in Aristotle's Science of Nature,* Cambridge, 2010

Leunissen, M. and Gotthelf, A., 'What's Teleology got to do with it? A Reinterpretation of Aristotle's Generation of Animals V,' in: *Phronesis* 55.4, 2010, pp. 325-356

Lloyd, G. E. R., 'The role of medical and biological analogies in Aristotle's Ethics', *Phronesis,* 13, 1968, pp. 68-83

―― *Aristotelian Explorations,* Cambridge, 1996

Long, A.A., 'Aristotle on Eudaimonia, nous, and divinity', *Aristotle's Nicomachean Ethics: A Critical Guide,* J. Miller (ed.), Cambridge, 2011, pp. 92-113

Lucas, D.W., *Aristotle's Poetics,* Oxford, 1968

Meyer, S. S., 'Living for the sake of an ultimate end', *Aristotle's Nicomachean Ethics: A Critical Guide,* J. Miller (ed.), Cambridge, 2011, pp. 47-65

Menn, S., 'Aristotle's Definition of Soul and The Programme of The De Anima', *Oxford Studies in Ancient Philosophy,* D. Sedley (ed.), v.22, Oxford, 2002, pp. 83-140

Mill, J. S., *The Collected Works of John Stuart Mill,* University of Toronto Press, London, vol. X, 1969, vol. XVIII, 1977

三浦 洋「生命の定義と質料形相論――アリストテレス『デ・アニマ』B巻第1、2章の問題」、『哲学』第49号、日本哲学会編、1998、169―179頁

――「アリストテレス『自然学』第II巻第9章における「必然性」の再検討」、『西洋古典学研究』第56巻、日本西洋古典学会編2008、38―50頁

Nussbaum, M. & Putnam, H., 'Changing Aristotle's Mind', in *Essays on Aristotle's De Anima,* Oxford, 1992, pp. 27-56

荻野 弘之「複線の倫理学――『エウデモス倫理学』における徳の再考――」、『理想』第９６９号、２０１６、２―14頁

Owen, G. E. L., 'Logic and Metaphysics in Some Earlier Works of Aristotle', in *Aristotle and Plato in the Mid-Fourth Century,* Dûring and Owen (eds.), Gôteborg, 1960, pp. 164-172

Pakaluk, M., *Aristotle Nicomachean Ethics, Books VIII and IX,* Clarendon Aristotle Series, 1999

―― 'On the unity of the Nicomachean Ethics', *Aristotle's Nicomachean Ethics: A Critical Guide,* J. Miller (ed.), Cambridge, 2011, pp. 23-44

Price, A. W., *Love and Friendship in Plato and Aristotle,* Oxford, 1989

Rorty, A. O., 'The Place of Pleasure in Aristotle's Ethics', *Mind,* New Series, vil.83, no.332, Oxford, 1974, pp. 481-497

Ross, W. D., *Aristotle's Physics, A Revised Text With Introduction and Commentary,* Oxford, 1936

坂下 浩司「アリストテレスの目的論における物質の必然」、『古代哲学研究』Vol.XXIV、古代哲学会編、１９９２、38―48頁

Sedley, D., 'Is Aristotle's teleology anthoropocentoric?', *Phronesis* 36 1991, pp. 179-196

Shields, C., 'The First Functionalist', in *Historical Foundations of Cognitive Science,* J. C. Smith (ed.), Kluwer Academic Publishers, 1990, pp. 19-34

―― 'Perfecting pleasures: the metaphysics of pleasure in Nicomachean Ethics X', *Aristotle's Nicomachean Ethics: A Critical Guide,* J. Miller (ed.), Cambridge, 2011, pp. 191-210

―― (ed.), *The Oxford Handbook of Aristotle,* Oxford, 2012

塩出 彰「アリストテレス『ニコマコス倫理学』における「幸福」について」、『人文研究』大阪市立大学大学院文学研究科紀要、第53巻第１分冊、２００１、１―14頁

高橋 久一郎「アリストテレスの「友愛」論再考」、『哲学雑誌』第１３０巻第８０２号、哲学会編、２０１５、25―45頁

田中 享英「自己とはだれか――アリストテレスの「自己愛」――」『藤女子大学キリスト教文化研究所紀要』、第14号、２０１３、41―67頁

Urmson, J. O., *Aristotle's Ethics,* Oxford, 1988 （J．O．アームソン『アリストテレス倫理学入門』雨宮健訳、岩波書店、２００４）

Walker, A, D, M, 'Aristotle's account of Friendship in the Nicomachean Ethics', *Phronesis,* 24, 1979, pp. 180-196

渡辺 邦夫『アリストテレス哲学における人間理解の研究』、東海大学出版部、２０１２

Wedin, M. V., *Mind and Imagination in Aristotle,* Yale University Press, 1988

Whiting, J., 'Living Bodies', in *Essays on Aristotle's De Anima,* 1992, pp. 75-92

—— 'The Nicomachen Account of Philia', in *The Blackwell Guide to Aristotle's Nicomachean Ethics*, R. Kraut (ed.), Blackwell, 2006, pp. 276-304

Witt, C., *Ways of Being: Potentiality and Actuality in Aristotle's Metaphysics*, Cornell University Press, 2003

Woods, M., *Aristotle Eudemian Ethics Books I,II, and VIII*, Second Edition, Oxford, 1992

米原 優「ミルの快楽説：高級な快楽が低級な快楽より望ましいのはなぜか」、『静岡大学教育学部研究報告』、人文・社会・自然科学篇 64、２０１３、47—59頁

あとがき

「目的論（teleology）」という言葉を大学の新入生のときに哲学の入門的な講義の中ではじめて耳にしたとき、なぜだか妙に魅力を感じた。おそらくそれは、いわゆる「機械論」との対比において――しかも情熱的な語り口で――その説明を受けたからであると思う。例えば、まつげが生えることについて「埃が目に入らないために生えているのだ」と述べるほうが、「皮膚が角質化してできたものだ」と述べるよりも事柄の説明としてずっと魅力的だし、世界をより豊かな仕方で理解したことになるように感じられたものだ。とはいえ一方で、世界を説明する仕方として目的論に堂々と与することは、少なくともアカデミックなレヴェルにおいては楽観的で簡単なものではなさそうだということを薄々察したのも確かだ。ともあれ、とにかく少しずつアリストテレスのテクストや研究書を読んで勉強をすすめていくうちに、「目的論でアリストテレス研究をやれるだけやってみよう」という前向きな気持ちになるに至った。本書は、学部生の頃のそうした素朴な気持ちに端を発して私が現在にいたるまで進めてきたアリストテレス研究のうち、とりわけ目的論と深く関わっていると私が判断した諸成果を一冊の書物として纏めたものである。本書の大部分は、これまで私が公にした学術論文を土台にしている。ただし、今回の公刊にあたり、論考全体の統一性の保持や、若気の至りで著したものにとりわけみられる瑕疵の修正など、様々な観点から必要に応じそれ相応の改変や加筆を行なっている。

以下に、各章の論考の土台となった既刊論文を記しておく。

第1章

「有機体目的論と「質料としての自然」――アリストテレス『自然学』第二巻における先行自然学者批判」『アルケー　関西哲学会年報』（関西哲学会編）第8号、2000年7月、88～98頁

第2章
「自然と技術のアナロジー――アリストテレス『自然学』第2巻における有機体目的論展開の一方策」『哲学』（日本哲学会編）第51号、2000年4月、160～169頁

第3章
「アリストテレス芸術論における快と自然美――「模倣されたもの」の受容による快をめぐって」『神戸大学文学部紀要』45号、2018年3月、45～64頁

第4章
「アリストテレス『デ・アニマ』B巻第1章における魂の定義と同名異義原理」『文化学年報』（神戸大学大学院文化学研究科）第24号、2005年2月、97～119頁

第5章
「アリストテレスの心身論におけるテクネーアナロジーと機能主義」『アルケー　関西哲学会年報』（関西哲学会編）第14号、2006年6月、104～115頁

第6章
「善の帰一性と善のアナロギア――アリストテレス倫理学における善のイデア説批判について」『神戸大学文学部紀要』第36号、2009年3月、45～67頁

第7章
「アリストテレスにおける愛の帰一性」『倫理学年報』（日本倫理学会篇）第63集、2014年3月、85～98頁

第8章
書き下ろし

以上のような基礎と背景のもとで仕上げられた本書は、「アリストテレスの展開した目的論的哲学の諸相」というある程度緩やかな統一性のもとで仕上げられたものである。そのこととも関連するが、もしこの書を手にとってくださる方がいらしたとしたら、全体を一まとまりの読み物として通読していただければ幸いなのはもちろんだが、関心のあるテーマに応じてそれぞれの章を単独で読んでいただいてもちろん構わない。そのような読み方でも特段の支障がないようできるだけ配慮してそれぞれの章を書いたつもりである。

本書を形にするに至るまでに私が受けた学恩については、個別的に表明するのが最も礼儀に叶う振る舞い方であるとは思うけれども、そうと承知しつつも無礼を顧みずこの場を借りて簡略ながら言及することをお許しいただきたい。今しがた、大学の新入生のとき講義において「情熱的な語り口で」目的論の説明を受けたと述べたが、その説明の主（ぬし）は、当時北海道大学に着任されたばかりの、若かりし頃の千葉恵先生である。千葉先生からはそれ以来、その唯一無二的な生きざまを含め、計り知れない刺激と教示を今に至るまで受けてきた。一方、北大では田中享英先生から別な意味で貴重な学恩を受けた。それは、アリストテレスをソクラテス・プラトンとの相対化のもとで捉えることの必要性である。そして、その後の神戸大学での大学院生活に関しては、眞方忠道先生から、文芸を含めた古代ギリシア文化全般に対して広い眼差しを向けながら哲学的思索を遂行することの重要性と、哲学的討議における然るべき着眼点の発見の仕方を学んだ。また、古代ギリシアの専門家ではないが、ドイツ啓蒙思想が専門の山本道雄先生からは、古典的テクストを的確に読むとはどういうことか、そして現代社会との関わりにおいて哲学的思索を遂行することの意義を学んだ。これらの先生の学恩に対して、ここで謝意を表したい。また、本書における個々の議論に関しては、現在に至るまで、学会発表の際における質疑やコメント、草稿や完成原稿に対する様々な指摘、京都哲学史研究会をはじめとする各種研究会における討議などを通じて、極めて多くの方々から貴重な教示を受けたことをここに記しておきたい。特に、故小林道夫先生には、まだ生意気だった大学院生の頃から京都哲学史研究会で幾度となく発表の機会を設けていただき、自身の研究遂行にとって大きな助けになった。

なお、今回の出版にあたっては、晃洋書房編集部の井上芳郎氏から多大な助力と助言を得、編集・組版にあたっては金木犀舎の浦谷さおり氏に大変お世話になった。両氏には心からお礼を申し上げる。また、本書の文献表と索引の作成、誤字・脱字チェックにあたっては、神戸大学大学院生の藤井宏君から多大な協力を得たことを述べ添えておきたい。

二〇一九年六月

茶谷直人

人名索引

事 項 索 引

〈た　行〉

〈な　行〉

《著者紹介》

茶谷　直人（ちゃたに　なおと）

1972年兵庫県生まれ。北海道大学文学部卒業。神戸大学大学院文化学研究科修了。博士（学術）。
現在、神戸大学大学院人文学研究科准教授。専門は古代ギリシア哲学・生命倫理学。著書として『部分と全体の哲学――歴史と現在』（共著、春秋社、2014）など。

アリストテレスと目的論
自然・魂・幸福

2019年9月10日　初刷第1刷発行　　＊定価はカバーに表示してあります

著　者　茶谷　直人©
発行者　植田　実
印刷者　藤森　英夫

発行所　株式会社　晃　洋　書　房
〒615-0026　京都市右京区西院北矢掛町7番地
電　話　075-(312)-0788番(代)
振替口座　01040-6-32280

装丁　浦谷さおり　　組版　金木犀舎
印刷・製本　亜細亜印刷（株）

ISBN978-4-7710-3267-5